高等院校**电子商务类**
新形态系列教材

新媒体
运营与推广

第2版 微课版

高功步 罗蓓蓓◎主编

刘静 李雪 李彩霞◎副主编

New
Media

人民邮电出版社
北京

图书在版编目（CIP）数据

新媒体运营与推广：微课版 / 高功步，罗蓓蓓主编.
2版. -- 北京：人民邮电出版社，2025. --（高等院
校电子商务类新形态系列教材）. -- ISBN 978-7-115
-65071-9

Ⅰ. G206.2

中国国家版本馆 CIP 数据核字第 2024XM0635 号

内 容 提 要

随着新媒体的影响力不断提升，越来越多的企业将运营重心转移到新媒体领域。这也对新媒体从业
人员提出了更高的要求。本书从新媒体运营与推广的角度出发，首先介绍新媒体运营与推广的基础知识，
其次阐述新媒体用户运营、新媒体内容运营和新媒体活动运营的知识，最后从微信运营与推广、微博运
营与推广、短视频运营与推广、直播运营与推广和其他新媒体运营与推广的角度，系统、全面地讲解新
媒体运营与推广的内容，帮助读者学习并掌握新媒体运营与推广的知识和技能。

本书可以作为高等院校新媒体类、电子商务类相关课程的教材及各类新媒体培训机构的教学用书，
也可以作为新媒体从业人员的参考书。

◆ 主　　编　高功步　罗蓓蓓
　　副主编　刘　静　李　雪　李彩霞
　　责任编辑　林明易
　　责任印制　胡　南
◆ 人民邮电出版社出版发行　　北京市丰台区成寿寺路 11 号
　　邮编　100164　　电子邮件　315@ptpress.com.cn
　　网址　https://www.ptpress.com.cn
　　山东华立印务有限公司印刷
◆ 开本：787×1092　1/16
　　印张：13　　　　　　　　　　2025 年 1 月第 2 版
　　字数：252 千字　　　　　　　2025 年 8 月山东第 5 次印刷

定价：56.00 元

读者服务热线：(010)81055256　印装质量热线：(010)81055316
反盗版热线：(010)81055315

前言

    随着互联网信息技术、数字技术和移动终端技术的发展，人们的思维与行为方式也随之发生改变。当人们开始倾向于通过网络获取各种资讯时，一大批新媒体平台也随之涌现，这为企业的运营与发展提供了更广阔的空间。

    随着新媒体行业的蓬勃发展，企业对新媒体运营人才的需求急速增长。同时，党的二十大报告也明确提出"必须坚持科技是第一生产力、人才是第一资源、创新是第一动力"。在此背景下，为让读者了解最新的新媒体运营与推广知识，更好地胜任新媒体运营与推广工作，我们对教材《新媒体运营与推广（微课版）》进行了内容修订，编写了本书。

    本书增设了学习目标和素养目标板块，剔除了部分陈旧知识点，更新了案例，新增了新媒体运营岗位的能力和素养要求、小红书运营、今日头条运营及知乎运营等内容。另外，本书还增加了大量实操案例，新增"素养课堂"板块，旨在帮助读者提高实践能力和自身专业素养。

本书特色

    本书具有以下特色。

    （1）内容全面。本书从新媒体运营与推广的基础知识入手，全面介绍新媒体用户运营、新媒体内容运营、新媒体活动运营，以及主流新媒体平台和其他新媒体运营的相关知识。

    （2）体例新颖。本书精心设计了"学习目标""素养目标""专家指导""素养课堂"等板块，区别于以理论知识讲解为主的图书，体例新颖。

    （3）案例丰富。本书每章都设置了"案例分析"板块，可以帮助读者深入理解相关知识。

    （4）互动性强。本书设置有"课堂讨论"和"课堂活动"板块，这些板块可以拓宽读者思维，增强课堂讨论氛围，提高课堂教学质量。

    （5）阅读性强。本书作为新形态教材，合理地将新媒体技术应用于教材，通过二维码直接调用拓展资源、微课视频、效果预览等配套内容，增加阅读性，提高学习质量。

学时安排

    本书作为教材使用时，课堂教学建议安排 30 学时，实训教学建议安排 18 学时。各章

前 言

的学时安排如表1所示，教师可以根据实际情况进行调整。

表 1 各章的学时安排

章序号	章名	课堂教学/学时	实训教学/学时
第1章	新媒体运营与推广的基础知识	2	1
第2章	新媒体用户运营	3	2
第3章	新媒体内容运营	3	2
第4章	新媒体活动运营	2	2
第5章	微信运营与推广	5	3
第6章	微博运营与推广	4	2
第7章	短视频运营与推广	4	2
第8章	直播运营与推广	3	2
第9章	其他新媒体运营与推广	4	2
学时总计		30	18

本书资源

为了帮助读者更好地学习本书，重庆工程学院的教师团队为本书配备了同步的线上课程《新媒体运营与推广》，该课程已被评为重庆市高校一流本科课程。如有学习需要，读者可登录人邮教育社区（www.ryjiaoyu.com）搜索本书书名或书号进入本书主页，在本书主页中点击跳转链接进行选课学习。

除此之外，本书编者还准备了丰富的配套资源，如有需要，用书教师可登录人邮教育社区（www.ryjiaoyu.com）搜索本书书名或书号获取。

（1）教学资源

为了方便教学，我们为使用本书的教师提供了丰富的教学资源，包括教学大纲、电子教案、题库软件、PPT课件、素材文件、效果文件。

本书教学资源及数量如表2所示。

表 2 本书教学资源及数量

编号	教学资源名称	数量
1	教学大纲	1份
2	电子教案	1份
3	题库软件	1份
4	PPT 课件	9份

前言

续表

编号	教学资源名称	数量
5	素材文件	66 个
6	效果文件	23 个

（2）拓展资源

本书编者为更好地讲解重点知识内容，在书中融入了4个拓展资源，读者可以扫描书中的拓展资源二维码查看。

本书的拓展资源名称及二维码所在页码如表3所示

表 3 拓展资源名称及二维码所在页码

编号	拓展资源名称	页码
1	新媒体运营的线上思维	7
2	五芳斋新媒体运营案例	21
3	珀莱雅新媒体运营案例	23
4	直播方案示例	162

（3）微课视频

本书编者为讲解书中案例的操作步骤，录制了配套的微课视频，读者可以扫描书中的微课视频二维码观看。

本书的微课视频名称及二维码所在页码如表4所示。

表 4 微课视频名称及二维码所在页码

章节	微课视频名称	页码	章节	微课视频名称	页码
1.2.2	使用创客贴设计图片	13	5.2.4	设置抽奖活动	101
2.4 实训 1	为运动品牌建立新用户管理表	37	6.3.2	写作并发布短微博	121
2.4 实训 2	为运动品牌构建用户画像	40	7.2.4	使用剪映剪辑短视频	145
5.1.3	创建社群	82	7.4 实训 2	剪辑血橙的宣传短视频	154
5.2.1	设置微信公众号的名称、头像和功能介绍	85	8.2.2	设置直播账号	160
5.2.1	设置自定义菜单	87	8.4.1	设置直播预告	167
5.2.1	设置自动回复	89	9.1.3	使用人人秀制作 H5	180
5.2.3	在微信公众平台排版文章	97	9.5 实训 1	为运动品牌的促销活动设计 H5 推广页面	194

（4）效果预览

本书编者为展示书中案例的完成效果，特选取6个具有代表性的案例并为其准备了效果预览二维码，读者可以扫描书中的效果预览二维码查看。

本书的效果预览名称及二维码所在页码如表5所示。

表5 效果预览名称及二维码所在页码

章节	效果预览名称	页码
5.2.3	文章排版效果	98
7.2.3	拍摄效果展示	144
7.2.4	手机膜测评短视频	145
7.4 实训 2	血橙宣传短视频效果	156
9.1.3	H5 制作效果	184
9.5 实训 1	运动品牌 H5 制作效果	197

编者留言

本书由高功步、罗蓓蓓担任主编，刘静、李雪、李彩霞担任副主编，李婉贤参编。本书是国家自然科学基金项目（编号：72472136）、扬州大学教改课题（编号：xkjs2024045）的阶段性成果。本书由扬州大学出版基金资助出版。由于编者水平有限，书中难免存在不足之处，欢迎广大读者、专家给予批评指正。

编　者

2025 年 3 月

目录

目 录

目录

目录

第1章
新媒体运营与推广的基础知识

互联网和数字技术的发展催生并推动了新媒体的繁荣与进步，也为企业的运营提供了全新的方式，为宣传和推广产品或品牌提供了新的平台。在此环境下，要想开展更为有效的新媒体运营与推广工作，就必须深入了解新媒体运营与推广的基础知识，掌握各类新媒体运营的常用工具，并具备基本素质。

学习目标

- 认识新媒体的概念和特点、新媒体运营的概念和模块。
- 掌握新媒体运营的常用工具。
- 熟悉新媒体运营岗位的能力要求和素养要求。

素养目标

- 树立终身学习意识，提高学习能力。
- 树立良好的职业道德和社会责任感，致力于传播正能量。

1.1 新媒体运营与推广概述

新媒体为企业提供了多元化的运营渠道和模式，可以帮助企业迅速建立品牌优势，提升品牌影响力。要想利用新媒体开展品牌推广和建设，首先需要掌握新媒体运营与推广的基础知识。

1.1.1 认识新媒体和新媒体运营与推广

新媒体是数字化时代的产物，形式和内容随着科技的发展而不断演变。与传统媒体相比，新媒体以其交互性、开放性和个性化等特点，为企业和个人提供了更加广阔的运营空间。

1. 新媒体的概念

新媒体是新的技术支撑体系下出现的媒体形态，如数字化的传统媒体、网络媒体、移动端媒体、数字电视、数字报刊等，具体可以从广义和狭义两个方面来理解。

- **广义**：新媒体可以看作在各种数字技术和网络技术支持下，以互联网、宽带局域网和无线通信网等为渠道，利用计算机、手机和数字电视等各种网络终端，向用户提供信息和娱乐服务的一种传播形态，具有媒体形态数字化的特点。
- **狭义**：新媒体可以看作继报纸、广播、电视和楼宇广告等传统媒体后，随着媒体技术的发展与变化而形成的一种媒体形态，如互联网媒体、数字电视、移动电视、手机媒体等。

素养课堂

用户是企业长远发展的基础，企业要坚持以用户为中心，关注用户需求，重视用户体验，为用户提供可靠、高效的产品和服务。

2. 新媒体的特点

就内容而言，新媒体既可以传播文字，也可以传播声音和图像；就传播过程而言，新媒体既可以通过流媒体的方式进行线性传播，也可以通过存储、读取的方式进行非线性传播。与传统媒体相比，新媒体主要具有以下6个特点。

（1）交互性

交互性是新媒体与传统媒体比较明显的区别。电视、杂志、报纸等传统媒体都是单向传播信息，也就是说，媒体负责传播信息，用户负责接收信息，交互性较差。在新媒体环境下，信息的传输是双向或多向的，传播者与接收者之间能够互相传递信息。这表明信息传播的双方可以随时对信息进行反馈、评论和补充，能最大限度地调动接收者的参与性和主动性，实现双向的信息交流。

（2）开放性

传统媒体在发布信息时必须获得授权或取得相关资质，如电视、广播、报刊等平台发布的内容需要经过层层审核、严格把关。在新媒体环境下，用户几乎可以随时随地通过互联网发布与传播信息。用户可以作为信息的传播者发表意见、观点，或评论、转载他人的信息，也可以利用网络获取更多信息。

（3）即时性

新媒体传播信息的速度非常快，表现出明显的即时性特点，如用户可以直接通过手机等智能终端进行现场直播，或随拍随发，实现无时间、无空间限制的"超时空"传播。通过新媒体，用户可以随时了解世界各地发生的事情，做到"足不出户，便知天下事"。

（4）数字化

新媒体的数字化是指以信息技术和数字技术为主导，以大众传播理论为依据，融合文化与艺术，将数字信息传播技术应用到文化、艺术、商业、教育和管理等众多领域。从信息传播的角度来说，新媒体的数字化贯穿于信息的采集、存取、加工、管理和分发等过程；从信息的表现形式来说，新媒体的数字化呈现出图像、文字、音频、视频等多种形式。如今，数字化的新媒体已成为信息社会中较为常见的一种信息传播载体，几乎渗透到人们生活与工作的方方面面。

（5）个性化

新媒体平台利用先进的算法和数据分析技术，可以针对每位用户的兴趣、偏好和行为习惯，提供一系列个性化的服务，如定制化的消息推送、个性化的内容推荐、个性化的搜索建议等，其传播信息的内容与用户的个人喜好密切相关，具有个性化的特点。

（6）媒体融合

新媒体汇集了文字、图片、音频、视频等多种表现形式的内容，并且能够在短时间内迅速地在多个平台上传播。这使得传播的内容更加生动、形象，也更加满足了用户多样化的信息需求。同时，传统媒体和新媒体之间可以实现优势互补，实现跨平台传播，扩大内容的传播范围。例如，企业在发布新产品时，可以在传统媒体和新媒体平台以图文、视频、直播等多种形式全面展示，让用户从多个维度了解产品的特点，从而增强用户的参与感和购买意愿。

3．新媒体运营与推广的概念

所谓运营与推广，是指围绕产品管理而展开的一系列计划、组织、实施和控制活动，是与产品生产和服务密切相关的各项管理工作的总称。通俗地说，运营与推广就是将已开发的产品送达用户，让用户持续使用产品，保持其生命力并持续吸引更多用户来使用的过程。新媒体运营与推广（本章后续简称为新媒体运营）是指运用现代化移动互联网技术，借助微信、微博等新媒体平台开展营销、宣传、推广等的一系列运营活动。可以从以下3个角度更好地理解新媒体运营与推广。

- **战略角度**：新媒体运营是指企业借助新媒体工具，对内实现研发、推广企业产品，对外实现挖掘用户需求、提升用户体验等的精细化管理。
- **职能角度**：新媒体运营是指企业利用新媒体工具对企业的产品运营、用户运营、内容运营及活动运营四大模块进行整体的筹划、运营和推广。
- **操作角度**：新媒体运营是基于新媒体平台或工具的具体工作，是一个不断优化、改进运营数据的过程。

1.1.2　新媒体运营的模块

从新媒体运营的工作要点来看，其主要内容包括用户运营、产品运营、内容运营和活动运营等，后来随着新媒体的不断发展又衍生出了社群运营、网站运营、流量运营、平台运营和店铺运营等内容。因此，按照新媒体运营工作要点的不同，可以将其划分为 9 个模块，如图 1-1 所示。

图 1-1　新媒体运营的模块

1. 四大基本模块

新媒体运营的基本模块包括用户运营、产品运营、内容运营和活动运营。

- **用户运营**：用户运营是新媒体运营的核心。在日常活动中，研发产品、策划活动等都需要围绕用户展开。对于运营人员而言，用户日常管理、吸引新用户关注、减少老用户流失、激活沉寂用户等都是非常重要的工作。

- **产品运营**：产品运营是新媒体运营的基础。在新媒体运营的过程中，账号、平台、活动等都可以看作企业的产品。运营人员需要准确识别产品，针对不同产品开展差异化运营，并且能够清晰判断产品的生命周期，及时调整运营策略。

- **内容运营**：内容运营是新媒体运营的纽带，连接企业的产品和用户。运营人员需要在内容的定位、内容的搜集和整理、内容的创作、内容的发布和传播等方面开展内容运营。

- **活动运营**：活动运营是新媒体运营的手段。运营人员需要进行新媒体活动的策划与执行、跟进与复盘，即在开展活动前进行详细的活动策划，明确活动的目的、形式；执行活动时控制与监督活动；活动结束后跟进与复盘活动。

课堂讨论

你参加过印象比较深刻的新媒体活动吗？请试着描述活动的详细信息，如活动时间、平台、方式等。

2. 五大衍生模块

新媒体运营的衍生模块包括社群运营、网站运营、流量运营、平台运营及店铺运营。

- **社群运营**：社群运营由用户运营和活动运营衍生而来。社群运营主要依靠社群关系，运营人员可以通过开展社群活动使成员之间有共同目标和持续的交往，形成群体意识和规范，扩大社群的影响力，增大社群的规模。

- **网站运营**：网站运营由产品运营、内容运营、用户运营衍生而来。在新媒体运营中，网站运营的工作主要包括编辑并更新网站内容、调整网站模块、优化版面和维护用户等。

- **流量运营**：流量运营是新媒体运营的重点，由内容运营和活动运营衍生而来。流量运营的另一种说法是推广运营，主要工作包括提高微信公众号文章的阅读量、微博粉丝数和曝光量、企业网站的访问量等。

- **平台运营**：平台运营是由内容运营衍生出来的，也可以看作内容运营工作的一种放大与细化，主要工作是微信公众号等内容平台的日常运营。

- **店铺运营**：店铺运营由用户运营、产品运营、内容运营、活动运营衍生而来。店铺运营并不涉及所有企业，主要针对天猫、京东、淘宝、拼多多、微店等平台中的网店，需要运营人员不断优化、更新店铺销售的产品，以提高销量。另外，还需要运营人员装修店铺，撰写推广文案，策划促销活动等。

1.1.3 新媒体运营的常用思维

新媒体运营需要运营人员具备多种思维，综合运用各种方法，不断优化和创新运营策略，以适应快速变化的运营环境。新媒体运营的常用思维主要有用户思维、品质思维、品牌思维和数据思维。

1. 用户思维

用户思维是新媒体运营的核心思维。用户需求是新媒体运营工作的导向。企业在开发、生产、运营任何产品或服务时，都应该以用户为核心。

用户思维要求企业在新媒体运营过程的每个环节都要以用户为中心，在深度理解用户的基础上挖掘用户需求，解决用户的问题。而在挖掘用户需求的过程中，要解决3个核心问题，即市场定位、品牌和产品规划、用户体验。企业研究这3个问题实际上就是研究目标市场与潜在用户，在目标市场中的竞争地位和潜在机会，目标用户的需求，以及怎样提升用户的满意度。

挖掘用户需求的方法有很多，较为常用的是用户分析。通过收集与分析用户心理、用户特征、用户信息等找出用户未被满足的需求、急需解决的问题等。同时，企业还可以为用户提供个性化服务，精准地满足用户的需求，提高用户的忠诚度，使用户转变为粉丝。粉丝比用户的忠诚度更高，会对品牌投注情感，是企业优质的目标用户。例如，随着宠物逐渐扮演人们心灵寄托中的重要角色，个性化消费需求在宠物市场崭露头角。为了满足宠物主对生活"仪式感"的追求，好利来于 2024 年 2 月 20 日推出全新宠物烘焙品牌"Holiland Pet 宠物蛋糕"。该品牌专注于宠物蛋糕的研发及人宠服务体验，以肉食宠物食用蛋糕为主营产品，可以满足宠物主的个性化消费需求。

2．品质思维

在任何运营环境中，品质永远是产品的核心价值之一。特别是在互联网经济时代，企业只有把产品品质和服务品质做到极致，超出用户预期，才能保持长久的竞争力。

（1）产品品质

在互联网经济时代，许多产品供大于求。在这种情况下，企业如果不能保证产品的品质，则很难在市场中站稳脚跟。在互联网经济时代，用户对品牌、产品的认知在很大程度上会影响其消费观念。无法得到用户认可的产品难以传播，所以企业必须提升产品的品质，朝着精细化的方向发展。

（2）服务品质

互联网环境下，用户的需求更加个性化，这也意味着用户的需求更难满足。企业必须精准把握用户需求，通过高效、友善的互动和回应，提供个性化定制服务，提升用户的满意度。企业通过满足用户的个性化需求来提高用户主动传播产品和品牌的意愿，进而提升产品和品牌的影响力。

3．品牌思维

品牌思维就是以品牌为中心，通过产品、售后服务、品牌文化输出等突出品牌的核心价值，做好品牌的差异化定位，使用户对品牌建立起正确的认知，以提升品牌的知名度和美誉度。

（1）塑造品牌概念

品牌直接影响用户对产品的认知、认可和评价，用户通常会优先选择品牌知名度、美誉度更高的产品。在这种情况下，品牌的影响力越大，用户的黏性就越强，忠诚度也会越高。企业塑造品牌概念可以给用户树立鲜明、独一无二的品牌形象，打造品牌的独特价值，吸引用户关注。企业在设计品牌时要定位清晰，并且符合市场需求和用户需求，具体可以从产品和策略的角度入手。

- **产品角度**：产品角度是指围绕产品设计品牌。只有好产品才能支撑起有影响力的品牌，产品特点、卖点、功能、形象、服务等都可以作为品牌特色进行打造。例如，美团外卖发布的《2023 冷门外卖清单》广告片中，将 2834 只蝈蝈、14000 台胎心仪、470 本《青少年心理自助》等冷门产品罗列出来并配上与之相适的镜头，没有过多的解释，留给用户足够的空间去想象数字背后的故事，也传递出美团外卖可送万物的服务理念。

- **策略角度**：策略角度是指打造品牌的差异化，通过细分市场满足用户的个性化需求，从而获得独特的品牌优势。

（2）品牌宣传

品牌要被用户知晓，就需要进行宣传，企业可以利用传统媒体和新媒体平台开展品牌宣传。

- **传统媒体宣传**：电视、广播和报刊等传统媒体仍然具有独特的优势，在当前环境下仍可获得一定的宣传效果，可以扩大宣传的覆盖面。
- **新媒体平台宣传**：新媒体平台具有成本低、传播速度快、互动性强等突出优势。在新媒体平台上开展品牌宣传，品牌能够以较低的成本实现较好的宣传效果，从而扩大品牌知名度和影响力。

拓展资源

新媒体运营的
线上思维

4. 数据思维

新媒体运营工作离不开数据分析。数据思维是指通过收集、分析和应用数据来指导决策和优化运营效果。运营人员可以使用各种数据分析工具，分析用户的访问量、转化率、流量来源等，从而优化运营策略，提升用户体验。例如，分析用户访问量、转化率等数据，可以了解用户的需求和行为习惯，从而优化营销内容、运营策略等。

1.1.4　新媒体运营的策略

用户运营、内容运营、活动运营是新媒体运营的 3 大运营模块，掌握好每个模块的运营策略可以有效提高运营效果。需要特别说明的是，产品运营多融合在用户运营、内容运营和活动运营中，其运营策略是结合用户、内容和活动来实施的。

1. 用户运营策略

用户运营策略强调以用户为中心，在用户需求的基础上制订贴近用户、团结用户、引导用户的运营方式。用户运营的核心目标有 3 点：一是拉新，即吸引新用户；二是留存，即留住老用户；三是促活，即提高用户活跃度。要实现用户运营的目标，可从以下 5 点入手。

（1）做好用户需求分析与调研，找到用户的兴趣点。

（2）在可以接受的成本范围内开展运营活动，让用户使用产品。

（3）通过一系列活动让用户成为忠实用户，持续使用产品。

（4）与用户保持密切的互动，提高用户的活跃度，使用户成为产品和品牌的传播者，提高产品的价值。

（5）通过召回、反馈或与其他产品合作等方式重新激活沉默用户。

 专家指导

在开展用户运营时还要细分用户。将用户划分为不同的等级或群体，企业可以更好地了解用户的需求和行为模式，制订更有针对性的用户运营策略。例如，针对普通用户提供一些基础的服务和福利，针对忠实用户提供更加个性化、专业化的服务，以更好地满足不同用户的需求，提高用户的满意度和忠诚度。

2. 内容运营策略

在新媒体环境下，流量成本越来越高，内容越来越成为影响运营效果的重要因素。内容运营策略主要包括内容审核、内容价值判断、内容包装、专题合集内容策划。

- **内容审核**：内容审核是内容运营的基础，主要目的是确保发布的内容符合法律法规、社会道德和平台规范，避免传播不良信息、侵权内容和违规内容。此外，内容审核还包括审核内容的质量和时效性等，对表达不清晰、质量较差的内容进行修改，对过时的内容进行更新或删除。

- **内容价值判断**：内容审核只是粗略判断内容是否违规、合理，不能判断内容是否有价值——即判断内容的可读性、专业性、吸引力和传播力等。运营人员要在了解用户需求和喜好的基础上评估内容的价值。

- **内容包装**：内容包装是提高内容吸引力和品牌形象的重要环节。对于用户比较关注的标题、配图、摘要等进行合理包装，可以提升内容的吸引力和视觉效果。以撰写微信公众号文章为例，在撰写时，要先对标题进行包装，然后通过标题吸引用户点击，最后在排版时运用图片、图表等元素进行包装，提高内容的可读性。

- **专题合集内容策划**：通过专题合集展示用户关注的内容，可以加深用户对内容的印象。例如，微信公众号中的多图文信息就可以采用专题合集的方式进行策划制作，首篇文章引入专题话题，再列出与话题相关的不同主题内容，满足不同用户的阅读需求；也可以在同一个页面中制作专题内容，将所有主题集中展示并依次延伸，体现内容的系统性。

3．活动运营策略

活动是用户了解企业产品和品牌的良好途径，是企业快速吸引用户并提高品牌知名度的重要手段。活动运营一般涉及 4 个方面的内容，包括活动背景、活动目标、活动规则和活动结果。

- **活动背景**：活动背景指开展活动的缘由，即为什么要开展活动，在什么环境和条件下开展活动。
- **活动目标**：针对不同的活动目标需要设计不同的活动内容，在策划活动时运营人员要明确该活动的目标，如拉新、促销、品牌推广等。运营人员根据活动目标设计活动内容，让用户按照活动指示进行操作。例如，活动目标是拉新，运营人员可以设计新用户注册得奖励的活动，如首次注册可领取一张满 100 元减 30 元的优惠券等。
- **活动规则**：活动规则即活动的说明，要明确活动的开始与结束时间、活动的参与方式、活动的开展方式等信息。
- **活动结果**：活动结束后要统计与分析活动数据，明确活动是否达到预期目标，是否还需要改进等。

新媒体环境下的活动方式有很多，如签到、游戏、有奖转发、发红包等。运营人员在明确以上内容的基础上还要注重活动中的互动设计，要保证互动的趣味性、便捷性和易操作性。

1.2　新媒体运营的常用工具

在新媒体运营工作中，为确保工作效率和质量，运营人员可以使用一些工具。下面介绍一些新媒体运营的常用工具。

1.2.1　AI 写作工具

AI（Artificial Intelligence，人工智能）写作工具是新媒体运营的重要工具，能够帮助运营人员快速生成高质量的内容，提高工作效率。

1．常用的 AI 写作工具

目前市面上的 AI 写作工具较多，常用的有文心一言、通义和笔灵 AI 等。

- **文心一言**：文心一言是百度于 2023 年 3 月推出的生成式 AI 产品，不仅能够与人对话互动、回答问题，还能够协助进行文学创作、文案写作等。图 1-2 所示为文心一言的写作页面，用户可以直接在页面底部的文本框中输入写作要求，或在页面中单击"你可以试着问我："栏下的选项，写作所需内容。

图 1-2　文心一言的写作页面

- **通义**：通义是阿里云推出的一个超大规模的语言模型，提供多轮对话、文案创作、逻辑推理、多语言支持等功能。2023 年 4 月 18 日，智能办公平台"钉钉"正式接入通义，在钉钉中单击"⚭"按钮，即可唤起智能服务，运营人员可根据需要撰写文案、设计海报等。

- **笔灵 AI**：笔灵 AI 是一款 AI 写作工具，可应用于多种写作场景，实现工作总结、计划方案、新闻稿、演讲稿、论文、营销文案等的自动化写作。此外，笔灵 AI 还可以帮助运营人员续写、修改、扩展和润色文案。

2．使用 AI 写作工具

AI 写作工具可以方便、快速地生成内容，但不同用户使用其生成的内容的质量可能不一样。因此，在使用 AI 写作工具时，有必要先了解写作流程，以便生成优质的内容。

（1）明确写作思路

AI 写作虽然是自动的，但也需要运营人员明确写作思路，为后续提出写作要求奠定基础。运营人员可以利用 AI 写作工具明确写作思路，如要求 AI 写作工具围绕某主题提供一些备选选题，或者要求 AI 写作工具就一篇文案提供大纲等。

（2）提出写作要求

明确写作思路后，运营人员就可以向 AI 写作工具提出写作要求。提出的写作要求越清晰、准确、完整，越能够获得更高质量的内容。运营人员要想提出明确、清晰的写作要求，可以从以下几方面入手。

- **设定角色**：让 AI 写作工具设定一个特定的角色，让其代入相关情境，更好地理解所提交的写作要求。这个角色可以是运营人员、特定领域的专家等，情境则要具体根据文案的主题来决定。例如，要写一篇关于健身知识的科普文章，可以让 AI 写作工具设定一个健身达人的角色，要求其提供关于健身的饮食计划和锻炼建议。
- **提供明确的指导**：明确告知 AI 写作工具所需文案的主题、类型、风格等，涉及的产品或品牌，并附上相关背景信息。
- **提供详细的写作要求**：说明文案的目标用户、须传达的信息、期望的情感效果等，这样可以帮助 AI 写作工具更好地理解写作要求。
- **提供背景信息**：如果有特定的市场环境、竞争对手或行业趋势等背景信息，可以提供给 AI 写作工具，帮助它更准确地写作与背景信息相关的内容。
- **使用示例或模板**：如果有类似的软文示例或者模板，可以在提问中提供，以便 AI 写作工具参考并基于其结构和风格进行写作。
- **指定软文风格和语气**：如果有特定的内容风格偏好（如幽默、正式、亲切等）或希望传达特定的情感（如激励、愉悦、紧迫等）要求，可以提前说明。

（3）逐步优化

通常情况下，AI 写作工具生成的初稿还有需要改进的地方，此时运营人员可以根据初稿具体情况直接要求 AI 写作工具重新生成文案，也可以进行追问、澄清或提供更多信息，让 AI 写作工具更好地理解写作要求，对初稿内容进行优化以获得更好的结果。

（4）审阅和修改

AI 写作工具生成的文案可能存在一些语法、逻辑或风格上的问题，因此运营人员要仔细审阅文案，修正错误，确保文案的质量和准确性。此外，运营人员还需要润色文案，包括调整句子流畅度、用词准确性，以及确保文案符合品牌风格要求。

下面以文心一言为例，介绍如何生成一篇推广收纳箱的微信公众号文章，具体步骤如下。

步骤 01 ▶进入文心一言写作页面。进入文心一言官方网站，在打开的页面中单击 `体验文心一言` 按钮，进入文心一言写作页面。

步骤 02 ▶明确写作切入点。在页面底部的文本框中输入提示信息"现需要写作一篇推广收纳箱的微信公众号文章，提供几个写作切入点。"单击 按钮，得到的结果如图 1-3 所示。浏览文心一言的回答可知，第 5 条更能体现收纳箱的价值，因此确定写作切入点为"收纳箱：小空间的大智慧"。

步骤 03 ▶提出写作要求。进一步提出写作要求，首先设定角色为运营人员，明确告知文章的写作切入点、主题、风格、字数，以及收纳箱的信息等，以便文心一言据此生成文案，如图 1-4 所示。

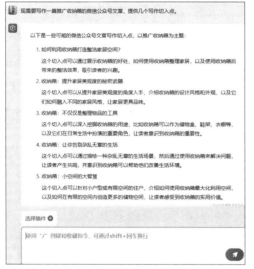

图 1-3 确定写作切入点

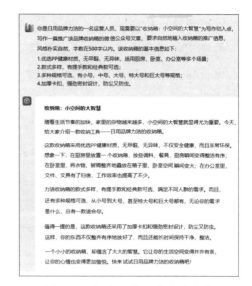

图 1-4 提出写作要求生成文案

步骤04 优化文案。运营人员审阅并检查文案，对于不合理的内容要求文心一言修改，提升生成内容的质量。例如，初稿中错将写作切入点作为文章标题，且标题不够清晰直接，因此可以要求文心一言重新提供其他更具吸引力的文章标题，如图 1-5 所示。

图 1-5 优化文案

1.2.2 图片设计工具

新媒体运营工作离不开对图片的设计和制作。无论是补充文章内容、制作宣传海报，还是提升内容的视觉吸引力等，图片都扮演着至关重要的角色。

1. 常用的图片设计工具

目前，市面上的图片设计工具各具特色，功能都较为丰富，且使用便捷。这里介绍两款常用的图片设计工具：创客贴和 Photoshop。

- **创客贴**：创客贴是一款图片在线处理工具，提供了大量免费的图片模板，不仅可以用于制作封面图，还可以用于制作海报、长图、宣传单、Logo 等。在创客贴中，设计图片的操作比较简单，用户只需选择模板，替换背景或其中的图片元素，更改文字并下载完成后的图片即可。图 1-6 所示为创客贴的模板中心页面。

图 1-6　创客贴的模板中心页面

- Photoshop：Photoshop 是一款专业的图像处理软件，可以有效地进行图片编辑和设计，包括编辑文字、创建蒙版、应用滤镜、抠取图像等，适合处理复杂的图片编辑和设计要求。

2. 使用创客贴设计图片

对于运营人员来说，图片在线处理工具就能满足设计工作的需要，且使用方法较为简单，只需要选择心仪的模板，替换其中的图片、文字等，就可以快速完成图片的设计。下面以创客贴为例，介绍如何制作一张带有营销性质的微信公众号文章的封面首图。具体操作如下。

微课视频

使用创客贴设计图片

步骤 01 ▷选择模板。登录创客贴，进入创客贴首页，选择左侧导航栏中的"模板中心"，在打开的页面中选择"场景"栏中的"公众号首图"，在页面顶部的搜索框中输入"奶茶"，按【Enter】键进行搜索，在搜索结果中选择如图 1-7 所示的"奶茶新品"模板。

图 1-7　选择模板

步骤 02 修改模板文字。在打开的页面中选择模板中需要修改的对象，这里双击选中文字"奶茶新品"，修改为"夏日上新"，字号设置为"88"，再移动文字至合适位置；双击选中文字"手打芋泥波波 一口喝到三种味"，修改为"第二份半价"，字号设置为"44"，并移动文字至合适位置。选中文字"第二份半价"后的背景，如图 1-8 所示，按【Delete】键删除。

步骤 03 上传图片。选中右侧稍小一些的奶茶图片，按【Delete】键删除。选中稍大的奶茶图片，单击"换图"，打开"打开"对话框，选择图片"奶茶 .png"（配套资源 :\ 素材 \ 第 1 章 \ 奶茶 .png），单击 打开(O) 按钮上传图片，如图 1-9 所示。

图 1-8　删除图片背景　　　　　　　　图 1-9　选择图片

步骤 04 替换模板图片。保持图片的选中状态，单击"抠图"按钮 ◎，抠去多余部分；保持图片的选中状态，拖曳图片调整至合适大小，并调整图片的旋转角度至合适位置，如图 1-10 所示。选择奶茶图片后的淡黄色背景，按【Delete】键删除。

图 1-10　替换模板图片

步骤 05 更改模板背景。选中整个对象，在左侧的工具栏中单击"背景"按钮 ◙，单击"纹理质感"栏右侧的"全部"按钮 〉，在打开的列表中选择第 3 排第 4 个选项，效果如图 1-11 所示。

步骤 06 下载图片。单击页面右上角的 下载 按钮，打开"下载作品"面板，设置好文件类型和使用类型后，单击 下载 按钮下载图片，打开"新建下载任务"对话框，输入名称"奶茶"，选择保存位置保存图片（配套资源 :\ 效果 \ 第 1 章 \ 奶茶 .png）。

图 1-11　背景更换效果

1.2.3　排版工具

用户不仅关注内容质量，还关注文字和图片的排版效果，因为这会影响用户的阅读体验。因此，掌握常见的排版工具至关重要。常见的排版工具主要有 135 编辑器、秀米编辑器、i 排版等。

1. 135 编辑器

135 编辑器是一款在线图文排版工具，拥有大量的模板和样式，具有支持换色、一键排版、导入文章、生成长图文等功能，操作简单。除此之外，135 编辑器可以授权将内容同步至微信公众号后台，一个 135 编辑器账号可以同步管理多个微信公众号，适合团队管理。运营人员使用 135 编辑器，还可以将排版好的文章生成图片并发布到小红书，也可以生成长图发布到微博、知乎等新媒体平台。图 1-12 所示为 135 编辑器的主页面。

图 1-12　135 编辑器的主页面

2. 秀米编辑器

秀米编辑器是一款在线图文排版工具，常用于微信公众号文章的排版，也可以用于制作H5（HTML5，第5代超文本标记语言）。秀米编辑器编辑的内容可以通过复制粘贴和同步上传两种方式上传至微信公众号后台——后者需要授权，且非会员只能授权一个微信公众号，每次同步微信公众号都会默认新增一个图文素材。此外，秀米编辑器排版的图文还可以生成链接，供用户单独分享至微信朋友圈。

3. i排版

i排版的功能与上面两个排版工具的类似，此外还可以设置签名。i排版首页介绍了运营和排版的技巧，首页底部有草料二维码、MAKA等工具的入口。

1.2.4　音视频剪辑工具

短视频逐渐在用户日常网络活动中占据重要位置，成为新媒体内容的重要表现形式。充分利用音视频剪辑工具，可以轻松制作出高质量的短视频。

- **剪映**：剪映是抖音官方推出的一款功能较为全面的视频剪辑工具，操作简单，提供有大量的剪辑模板，用户选好模板后点击"剪同款"，上传对应图片/视频素材即可一键生成炫酷大片。其还提供视频特效、热门音乐、贴纸、滤镜等，并且剪辑完成后的视频可以直接同步到抖音或西瓜视频中，非常适合抖音用户使用。另外，剪映还推出了客户端的版本，方便用户的创作需求。图1-13所示为剪映客户端的主页面。

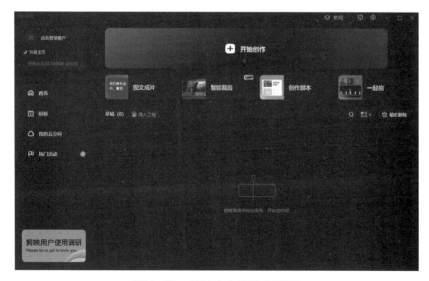

图1-13　剪映客户端的主页面

- **Premiere**：Premiere 是 Adobe 公司推出的一款视频制作软件，编辑画面质量较高，且有较好的兼容性。Premiere 内置众多视频特效、过渡效果和滤镜，能够精确地剪辑、调整和创作高质量的视频内容。Premiere 被广泛运用于电影、电视、广告、网络视频等领域的视频制作。

- **快剪辑**：快剪辑是一款在线智能视频创作平台，集云端素材管理、模板视频剪辑、自由剪辑创作、渲染导出、内容分发于一体，支持画面分割、混剪、音频调节等多种剪辑操作，用户进入网站首页就能进行创作，无需剪辑基础便可一键快速成片。

1.2.5　热点搜索工具

新媒体运营工作离不开信息和素材的收集，为向用户传递最新信息，需要及时跟进时事热点。运营人员可以使用多个工具搜索热点信息，以便更好地了解用户的兴趣和需求。

- **微博热搜榜**：微博热搜榜会实时展现用户搜索的热门关键词，并根据关键词的搜索量对关键词排序，每分钟更新一次。图 1-14 所示为微博的热搜榜。

- **百度热搜**：百度热搜以数亿用户当日的搜索行为作为数据基础，将关键词作为统计对象，提供如热搜榜、汽车榜等多个榜单，并提供实时关键词的热度情况。图 1-15 所示为百度热搜的热搜榜。

- **今日热榜**：今日热榜汇聚多个平台的热门榜单，包括微信、今日头条、百度、知乎等，可以帮助运营人员更加高效地查找和跟踪热点信息。

图 1-14　微博热搜榜　　　　　　　图 1-15　百度热搜的热搜榜

- **新榜**：新榜以日、周、月为周期，以微信、微博、抖音等多个平台的数据为基础建立榜单。通过新榜，运营人员可以查询某平台某个周期内的账号排名情况，包括排序、阅读数、点赞数等。

1.2.6 数据分析工具

数据分析是深入了解用户行为、内容喜爱度和运营效果等的重要手段。借助数据分析工具，运营人员可以有效提高工作效率并优化运营策略。

- **百度指数**：百度指数以百度海量用户行为数据为基础，是非常重要的数据分析工具。通过百度指数，运营人员可以了解某个关键词在百度的搜索热度和搜索热度的变化趋势。图1-16所示为百度指数中"智能手表"关键词的搜索指数。

图1-16 百度指数中"智能手表"关键词的搜索指数

- **蝉妈妈**：蝉妈妈是一个专业的抖音和小红书一站式数据分析服务平台，提供包括抖音达人、产品、品牌、话题等在内的全面数据分析功能。运营人员通过蝉妈妈可以快速了解抖音的热门内容和产品，把握市场趋势和用户喜好。同时，蝉妈妈还提供数据监测和预警功能，帮助运营人员及时发现异常数据表现，及时调整运营策略。
- **飞瓜数据**：飞瓜数据是一个短视频及直播数据查询、运营及广告投放效果监控的专业平台，旨在为用户提供高效、准确的数据统计与分析服务。该平台具有数据挖掘、数据分析、数据可视化、推荐算法等多项核心功能，可以帮助运营人员快速完成数据挖掘和分析工作。
- **抖查查**：抖查查的数据接口提供抖音、快手等短视频平台全量直播数据、短视频数据。这些数据可以用于分析短视频平台中的内容流行趋势，挖掘热门内容，追踪用户行为等。

🏷 **课堂活动**

在百度指数中分别搜索和查看电饭煲、车厘子、雪地靴3种产品的搜索指数，并分析3种产品近15天的变化趋势。

1.3　新媒体运营岗位

随着新媒体运营成为企业开展品牌推广的重要方式，企业对新媒体运营岗位的能力要求也日益严格。一名合格的运营人员要保证新媒体运营的效果，需要具备多方面的能力和良好的素养。

> **课堂活动**
>
> 在百度、搜狗等搜索网站，以及智联招聘、BOSS 直聘等招聘网站中搜索"新媒体运营"，查看不同类型企业新媒体运营岗位的招聘要求，并回答以下问题：
> （1）不同类型企业对新媒体运营岗位的能力和素养要求有什么不同？
> （2）你认为要胜任新媒体运营岗位，需要具备哪些技能？

1.3.1　新媒体运营岗位的能力要求

新媒体运营涉及平台、产品、用户、策划、推广等一系列活动，对运营人员提出了较高的能力要求，需要运营人员具备资源整合、策划、内容创作、数据分析等多个方面的能力。

- **资源整合能力**：资源整合能力是运营人员须具备的重要能力之一。这要求运营人员能够灵活利用资源，并能合理地整合资源，以有效地开展运营工作。这些资源包括企业内部资源如员工、产品等，以及企业外部资源如合作企业、媒体等。有效的资源整合可以提高品牌影响力、降低运营成本，为企业带来更多竞争优势。
- **策划能力**：运营人员需要具备良好的策划能力，包括定位运营内容和方式、确定运营渠道、分析目标用户等，这是运营的前提。特别是在瞬息万变的新媒体运营环境中，运营人员还要不断实践，以提高自身的策划能力，保证运营活动顺利开展。
- **内容创作能力**：内容创作能力主要包括文案创作、图片制作、视频拍摄和制作等方面的能力。良好的内容创作能力要求运营人员能够写出具有吸引力和感染力的文案，制作出观赏性强的多种形式的图片和视频，并排版出美观度高的文章，从而提高内容的吸引力，助力运营目标的达成。
- **数据分析能力**：新媒体运营需要以数据为依据，实时监控和优化运营效果。因此，运营人员需要掌握数据分析的方法和工具，能够收集、整理、分析和解读用户数据，了解用户需求、优化运营策略。同时，运营人员还需要分析内容数据、活动数据，以及市场数据、竞争对手的数据等。此外，运营人员还需要具备对数据的敏感度，能够及时发现数据异常现象并进行分析。

1.3.2　新媒体运营岗位的素养要求

除了具备专业技能，一名合格的运营人员还应当具备优秀的素养。

- **敏锐的网感**：网感即网络敏感度，反映的是运营人员对网络流行热点（如网络热点话题、网络热点词汇、网络热点表情包等）的敏锐度。网感能够帮助运营人员在海量信息中快速捕捉舆论焦点，并判断网络趋势，进而有利于内容的输出和活动的开展。

- **及时跟进热点**：在热点事件发生后，运营人员要快速制订相应的运营策略和方案，确保内容及时更新并抓住最佳发布时机。运营人员具备这种素养，有助于提高内容的曝光度和用户参与度，增加品牌或产品的知名度和影响力。

- **敏锐的洞察力**：新媒体运营工作要获得病毒式效果如引发全网热议，就需要运营人员具备敏锐的洞察力，能够洞察用户心理，使用户产生精神共鸣，创造出能够赢得用户认同的内容。

- **依法运营**：运营人员需要增强法律意识，自觉遵守相关法律法规，确保所发布的信息等符合法律法规的要求，确保新媒体运营工作的合法性，为新媒体的健康、可持续发展作出贡献。

素养课堂

运营人员在开展新媒体运营时，要始终保持高度的责任感和使命感，确保所发布的内容真实准确、合法合规，坚守社会责任和道德底线，自觉维护良好的网络环境和秩序。

案例分析　　　　　　　高德打车"薅羊毛"活动

2023 年 12 月 6 日，高德打车发布了一支有趣的短片《薅羊毛》，同时推出了"第 2 单 5 折"的折扣活动，专为上班族出行提供福利优惠。

短片通过熬夜加班、努力完成工作、为公司开源节流等现实场景制造代入感，并用创意文案引发上班族共鸣，如"钱是赚来的还是省来的？钱是在去赚钱的路上省下来的"等，凸显不同类型上班族的省钱心态，然后多次强调高德打车的核心卖点——省钱。短片在视觉呈现上，将真实的羊作为道具加入打车场景中，并让演员在每个场景里重复薅羊毛的动作，把"用高德打车可以薅羊毛"这一信息要点生动地呈现出来。不仅如此，高德打车还在微博发布了 9 张以"高德打车文学"

为主题的宣传海报,既传递出"大胆出发""可以选择停下看看世界"等人生哲理,又体现了使用高德打车的安全感,凸显其"异常车费先行赔付"的保价优势。图1-17所示为部分宣传海报。

图1-17 "高德打车文学"宣传海报

案例点评:该短片从打车花费高的痛点切入,通过描绘熬夜加班、努力工作等现实场景,应用具有创意的文案,成功引起上班族的共鸣。这种共鸣使用户更容易接受并记住品牌信息。同时,"高德打车文学"宣传海报从不同角度传达品牌"省钱"和"保价"的优势,不仅满足了用户的需求,还体现了品牌的社会责任感和价值观。

1.4 课堂实训

实训1 分析新媒体运营案例

1. 实训要求

扫描右侧的二维码,阅读五芳斋新媒体运营案例,根据所学知识开展分析。

拓展资源

五芳斋新媒体运营案例

2. 实训步骤

步骤01 提炼运营思维。阅读案例并结合新媒体运营思维思考可知,五芳斋非常注重用户的需求和体验。在内容上,短片借助月饼隐喻部分年轻人的迷茫困境,进一步探讨人与月饼的情感连接,鼓励大家以"软软"的状态去面对坚硬的生活,传递"不确定的时代需要一些不被需要的勇气""世界坚硬你软软的就好"等生活态度，迎合并满足用户的情感需求。在活动上，2023 年 9 月 16 日至 17 日，五芳斋现身蜜雪冰城冰激凌音乐节成都站，为参加音乐节的观众设置"能量补给区"。观众不仅可以在五芳斋专属音乐节区域内体验联名产品，还可以参与其他游戏，享受丰富的互动体验。因此，可以判断五芳斋运用了用户思维。

步骤 02 ▶ 分析运营策略。首先，短片传递出的生活态度及音乐节活动的互动游戏，都与用户建立了情感连接，提升了用户的活跃度，因此可以判断五芳斋采取了用户运营策略。其次，该短片将视角聚焦到月饼，脑洞大开地让月饼"活"了过来，讲述传统月饼因为 AI 月饼的出现被淘汰后，开始独自思考存在的意义，内容新颖且有吸引力，因此可以判断五芳斋采取了内容运营策略。最后，五芳斋在蜜雪冰城冰激凌音乐节成都站活动现场设置了"能量补给区"，实现线上线下的整合营销，因此可以判断五芳斋采用了活动运营策略。

步骤 03 ▶ 总结案例。综上所述，该案例中，五芳斋在用户运营方面精准定位用户并与用户建立情感连接；在内容运营方面注重内容的创意和质量；在活动运营方面实现了活动的线上线下整合，增强了用户参与感。

实训 2　写作电风扇的宣传文案

小李是生活电器品牌乐居的一名运营人员。品牌近期计划开展一次清仓活动，现安排小李撰写一篇推广电风扇的小红书笔记。小李经过一番思索后仍没有写作思绪，于是打算使用文心一言进行写作，再对文案进行优化。

1. 实训要求

（1）提出准确清晰的写作要求。

（2）适当优化文案。

2. 实训步骤

步骤 01 ▶ 明确写作切入点。由背景信息可知，该文案是为了推广电风扇，因此可要求文心一言提供写作切入点。搜索并进入文心一言的写作页面，在文本框中输入提示信息"现需要写作一篇推广电风扇的小红书笔记，提供几个写作切入点。"单击 ▶ 按钮，得到如图 1-18 所示的回答。根据得到的回答可知，第 5 条更满足当前的写作需求，因此确定写作切入点为"电风扇的优惠和促销活动"。

步骤 02 ▶ 提出写作要求。继续提出写作要求，首先设定角色为运营人员，明确告知文案的写作背景、写作切入点、风格、字数，以及电风扇的信息等，如图 1-19 所示。

步骤03 优化文案。审阅并检查生成的文案，首先发现"不再是传统的小风扇"这句话不妥，删去后不影响前后文，因此直接删除该句话。其次，该文案需要发布到小红书上，因此可直接使用小红书提供的表情符号，这里删除文案中的表情符号。最后，得到优化后的最终推广文案（配套资源 :\效果\第 1 章\电风扇的宣传文案 .docx）。

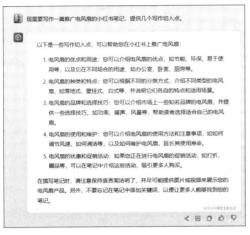
图 1-18　确定写作切入点

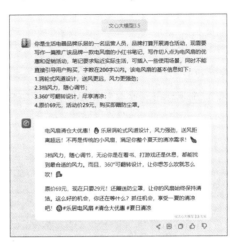
图 1-19　提出写作要求

1.5　课后练习

1. 扫描右侧的二维码，阅读珀莱雅新媒体运营案例，分析其运用的新媒体运营思维及采取的新媒体运营策略。

2. 假如春节即将到来，你是某服装品牌的运营人员，请试着制作一张春节互动活动宣传海报。活动时间为 2024 年 2 月 1 日～2 月 6 日；活动详情为随机抽取 10 名粉丝，送品牌定制新年礼盒一份；参与方式为关注品牌微信公众号，并在活动文章下留言分享"我的春节记忆"。

3. 使用今日热榜分别查看知乎、微博、微信和今日头条的热榜，从内容相关性、用户需求、话题热度和品牌契合度等方面分析可用于新媒体运营的消息。

拓展资源

珀莱雅新媒体
运营案例

第2章
新媒体用户运营

新媒体运营的核心目标之一是满足用户需求，通过精心策划和提供高质量的内容与服务，吸引新用户并维系现有用户。要实现这一目标，新媒体运营必须紧密围绕用户展开，通过采取合适的运营措施实现用户的拉新、留存和促活。

学习目标

- 熟悉用户定位的方法。
- 掌握用户拉新的方法。
- 掌握用户留存和促活的方法。

素养目标

- 树立服务意识，关注用户需求，优化用户体验。
- 提高互动能力，增强用户黏性。

2.1 用户定位

新媒体运营工作是围绕用户展开的，如产品创新、内容创作、活动设计等。企业要想开展用户运营，需要先了解和确定目标用户，以便根据目标用户的特征来制订运营策略。

2.1.1 了解目标用户

了解用户可以更好地定位目标用户，一方面，需要了解哪些用户是目标用户；另一方面，需要了解目标用户的主要特征，具体可以从用户属性和用户行为两个方面入手。

1. 了解用户属性

用户属性是指用户的不同分类属性，包括性别、年龄、身高、职业、住址等基本信息。不同属性用户的收入水平、生活习惯和兴趣爱好不同，消费行为也存在差异。例如，高收入用户可能追求个性化定制服务及高端产品，如高级定制服装、高端品牌产品等；中低收入用户则可能更重视性价比高的服务和日常消费品，如选择平价衣物品牌、选择共享单车服务等。

在定位目标用户群体时，可以从以下两方面入手。

- 分析用户的地理位置、消费水平、消费行为、年龄、收入等属性信息，将具有类似信息的群体筛选出来，并将其与企业的产品和目标进行匹配，得到最终的目标用户群体。

- 通过调查了解并分析用户的需求，适当调整产品或品牌的定位。一般来说，调查方法有发放调查问卷、有奖问答及实地探访等。

2. 了解用户行为

用户行为受用户意向左右。用户意向是指用户选择某种内容的主观倾向，表示用户接受某种事物的意愿，是用户行为的一种潜在心理表现。一般来说，影响用户意向的因素主要有以下3点。

- **环境因素**：环境因素包括自然环境因素和社会环境因素，作用于用户的消费行为，使其随环境的变化而变化。例如，大量用户受健身热潮的影响而购买运动装备、健康食品，或购买线上健身课程。

- **产品因素**：产品因素包括产品的价格、质量、性能、款式、服务、广告和购买便捷性等。例如，华为Mate60的出色性能及其支持卫星通信的功能，激发了众多用户的购买欲望。

- **用户个人因素**：用户由于自身经济能力（如购买能力、价格接受程度）、兴趣爱好（如颜色偏好、品牌偏好）等的不同，会产生不同的购买意向。同时，用户的心理、情感和实际需求不同，也会产生不同的行为动机。例如，针对同一款手机，摄影爱好者会着重关注手机的像素、光学变焦性能等，而学生群体通常因为预算有限，更加注重手机的性价比。

专家指导

用户定位是一个长期的过程，企业不仅要在运营前进行定位分析，还要在运营的过程中随时观察用户的变化，找出用户未被满足的需求，将其作为下一阶段的改进方向。

课堂讨论

（1）你喜欢的国产品牌有哪些，喜欢的原因是什么？

（2）如果你是某企业的新媒体运营人员，你会采用哪些方式去了解用户的属性和行为？

2.1.2 构建用户画像

用户画像是一种将用户属性、行为等信息以图像直观地展示出来，以便进行用户定位的有效工具。用户画像是实际用户的虚拟代表，能够将产品或品牌的目标用户通过数据展示出来。

1. 构建用户画像的作用

构建用户画像不仅能让企业更好地洞察用户需求，还能在多个方面发挥重要作用。

- **数据统计**：企业可以借助用户画像的信息标签，计算出如"喜欢某类产品的人有多少""处于25～30岁的女性用户占比是多少"等数据。此外，在用户画像数据的基础上，运营人员还可以实现关联规则计算，即由A联想到B。
- **精准营销**：用户画像以数据为基础进行用户信息的分析与呈现。这种方式可以更加清晰地呈现用户的需求。企业以数据为基础，利用标签建立用户画像，可以在充分了解用户的基础上精准地向用户推送营销内容。
- **用户研究**：通过分析用户画像，企业可以发现产品或服务的不足，有针对性地进行改进，提升用户体验。
- **业务决策**：根据用户画像，企业可以了解用户的地域分布情况、年龄分布情况等信息，做好相关的业务决策。

2. 构建用户画像的方法

在构建用户画像前，需要先通过收集和分析用户数据，提炼用户标签，如年龄、职业、兴趣等。通过组合和关联不同的用户标签，企业可以构建鲜明的用户画像，从而更好地了解用户的喜好、行为和需求等。

（1）提炼用户标签

用户标签是对用户某种特征的描述，是在研究用户的属性、行为和场景后，提炼出的多个关键词。一般用户标签越精准，对应覆盖的人数越少。常见的用户标签如表2-1所示。

表2-1 常见的用户标签

标签类别		用户标签
固定属性标签（表明用户是谁）	个人基本属性	年龄、性别、学历、身高、体重、健康状况、收入水平、婚恋状况等
	生活/社会属性	职业/行业、社会角色、居住城市、出行方式、就餐方式等
	兴趣偏好	旅行、音乐、影视、体育、美食、书籍等
	消费偏好	价格/价位、品牌、购买决策时长、购买渠道等
	行为信息	点击、浏览、收藏、点赞、评论、转发、购买等
路径标签（表明用户在哪里）		常用的新媒体平台、常访问的网站、常用的购物平台、关注的新媒体账号等
场景标签（表明用户在做什么）		上下班、聚会、午休、下午茶、通勤等

（2）构建用户画像

提炼好用户标签后，企业便可以按照"固定属性标签＋路径标签＋场景标签＝用户画像"的思路构建用户画像。例如，为某品牌电子产品构建用户画像，结果如表 2-2 所示。

表 2-2　某品牌电子产品的用户画像

标签类别	标签内容
固定属性标签	18 ～ 24 岁、生活在三四线城市、在读学生、电子产品爱好者和语言学习者
路径标签	使用品牌电子产品
场景标签	学习和娱乐

此外，企业还可以直接在微博、微信、抖音等新媒体平台获取用户画像，这些平台一般都提供与用户相关的数据分析功能。例如，在抖音的创作者中心的数据看板中可查看粉丝画像，了解粉丝兴趣，如图 2-1 所示。

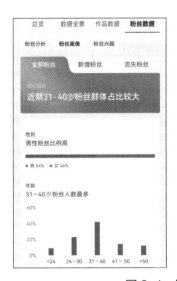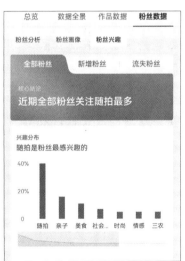

图 2-1　抖音用户画像

2.1.3　划分用户层级

划分用户层级，即按照一定的标准（如基本的数据指标、关键的行为标签等）划分用户的层级，以便针对不同的用户设计不同的运营方式。层级的数量可以根据产品特性与运营需要决定，不同层级对应一个群体和相应的运营要点。

划分用户层级的方法多种多样，如按照用户的消费能力和价值划分，按照用户活跃度划分，或按照用户生命周期划分等。例如，按照用户生命周期来划分用户层级。用户生命周期是指用户从开始接触产品到离开产品的整个过程，通常可以分为引入期、成长期、成熟期、休眠期、流失期 5 个阶段，如图 2-2 所示。

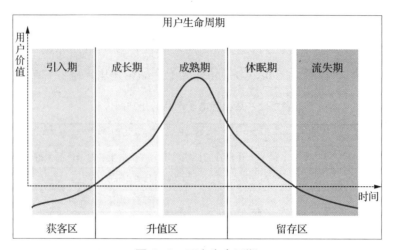

图 2-2　用户生命周期

根据用户生命周期，通常可以将用户分为 4 类。

- **潜在用户**：还未使用、接触过产品或服务的用户，对应用户生命周期的引入期。针对这类用户，应重点关注拉新渠道的质量及效率。运营人员可以利用品牌已有用户来获取新用户，如老带新邀请有礼活动，或投放广告吸引新用户。

- **成长用户**：开始使用或深入使用产品的功能或服务，贡献较多活跃时长的用户，对应用户生命周期的成长期与成熟期。针对这类用户，要重点关注留存率、活跃度与转化情况。在运营这类用户时，可以通过新手引导、任务激励，或不断优化产品的已有功能，推出用户期待的新功能等提高用户的活跃度。

- **沉默用户**：一段时间内未使用过产品或服务的用户，主要对应用户生命周期的休眠期。针对这类用户，要采取措施尽量延长用户的成熟期，如建立用户成长体系、进行关怀回访等。

- **流失用户**：较长时间没有再使用过产品或服务的用户，对应用户生命周期的流失期。这类用户的运营重点在于重新激活，运营人员要分析用户的流失原因，然后通过活动、福利或优质内容召回用户。

根据运营需求的不同，可以采取不同的用户分级方式，并针对不同层级的用户提供更加精准的运营策略和服务，从而提高用户满意度和忠诚度，形成稳定的用户基础。

2.2　用户拉新

用户拉新是新媒体运营中的重要环节，有助于扩大品牌知名度和用户基础。为有效进行用户拉新，需要采用多种方法和技巧。

2.2.1　用户拉新的方法

一般情况下，不同产品或品牌所使用的用户拉新的方法也不尽相同。常用的拉新方法主要有以下几种。

1. 广告拉新

广告拉新是获取新用户比较常用的方法，即在线上（微博、微信、网页、搜索引擎等）或线下（地铁、公交、电梯等）投放广告，传播产品的介绍信息、活动信息等，增加产品或品牌的曝光度和影响力，促进新用户的增加。例如，图 2-3、图 2-4 所示分别为淘宝"双11"活动之际在微博平台发布的宣传短片和线下投放的大屏广告。

图 2-3　淘宝"双 11"线上宣传短片

图 2-4　淘宝"双 11"线下大屏广告

2. 合作拉新

合作拉新即通过同行合作、跨界合作等形式进行用户拉新，如部分企业的交叉互推（如应用内互推、软文互推）、联合推广（如联合广告、联合定制）等。合作拉新能够借助合作方的影响力提升自身的品牌形象，从而促进用户拉新。例如，2023 年冬季，饿了么携联合利华、星巴克、奥利奥 3 个不同领域的品牌，共同推出"一起泡冬天"主题活动。活动中，饿了么以"泡"为主题，与众品牌联合定制专属产品"显眼包"。这款"显眼包"内含联合利华洗护用品、星巴克咖啡和奥利奥饼干。此举吸引了大量用户上饿了么购买产品，很好地实现了用户拉新。

3. 活动拉新

活动拉新在用户运营中较为常见。一般而言，用户拉新活动可以分为新用户专享活动和以老带新活动。

• **新用户专享活动**：在新媒体运营与推广中，大部分新产品或品牌会开展新用户专享活动，如给予新用户礼品或福利（如优惠券、新品试用）、新用户双倍积分、新用户专享特权等。图 2-5 所示为某品牌的新用户专享活动。

- **以老带新活动**：以老带新即利用老用户帮助拉新，但是并不是每个老用户都会自发推荐引流的，因此以老带新活动需要给予老用户一定的利益或激励，常见的如推荐有礼、老用户利益分发、拼单折扣等。以老带新活动要想取得效果，需要将老用户的利益和新用户的行为进行捆绑，如在美团中，老用户点完外卖后可以获得分享红包的机会，将红包分享给新用户后，老用户和新用户都可以获得外卖抵用券。图 2-6 所示为某品牌的以老带新活动。

图 2-5　新用户专享活动　　　　　图 2-6　以老带新活动

4. 口碑拉新

口碑拉新主要是利用品牌的良好口碑促进老用户主动传播，进而实现用户拉新的目的。要想通过口碑促进用户拉新，企业要在提供优质产品和服务的基础上，辅以适当的激励措施，促进用户主动分享，吸引潜在用户产生兴趣并转化为成长用户，从而实现低成本、高效率的用户增长。

需要注意的是，口碑是一把双刃剑，正面口碑可以迅速提升品牌知名度和影响力，而负面口碑则可能在短时间内对品牌形象造成严重损害，导致潜在用户流失并增加获取新用户的难度。因此，企业在开展口碑拉新时，还需要控制和管理负面口碑。

 专家指导

地推拉新也是一种重要的用户拉新方式。地推即地面推广，是指在指定区域范围内，利用大量的人力覆盖目标用户，从而迅速打开市场的方式。地推的常见方式包括"扫街""扫楼"等。为有效实现用户拉新，地推拉新一般需要给予用户一定的利益，如告知用户下载 App 后将得到一些礼品等。

2.2.2　用户拉新的技巧

用户拉新可以帮助企业扩大用户群体，为企业的长期发展打下坚实基础。要想实现低成本、高效率的用户拉新，有必要掌握一些拉新技巧。

1. 允许第三方登录

允许微信、微博、QQ 等第三方新媒体账号登录，可以简化用户的注册流程，降低用户的进入门槛。这样不仅能快速获取用户的基本信息，提高用户体验，还能利用第三方平台的影响力间接扩大品牌曝光度，吸引更多的新用户。

2. 利用名人效应

与具有一定社会影响力的人物合作，如著名艺人、行业专家、知名博主等，邀请他们代言、体验产品，或者联合举办活动。借助名人的粉丝基础和影响力可以迅速提升品牌的知名度和影响力，吸引其粉丝群体成为新用户。

3. 制造情感共鸣

制造情感共鸣可以满足用户的情感需求，使其在精神层面与品牌建立深度联系。例如，讲述感人的品牌故事，塑造亲和、温暖的品牌形象，通过共情引发用户的认同感和信任感，使其在对品牌产生好感的基础上接受品牌传达的信息，从而实现用户拉新。

4. 增强趣味性

增强趣味性也是吸引用户的有效方式。通过增加内容、活动的趣味性和吸引力，吸引用户的注意力并激发其分享、参与热情。例如，推出与产品密切相关的闯关游戏，让用户在体验产品功能的同时享受闯关的乐趣，从而使用户在愉快的体验中成为新用户，并自发地进行口碑传播，吸引更多用户加入。

5. 采用"免费"营销

通过提供部分免费的功能或内容来吸引用户试用或关注的模式能够减少用户做出尝试的顾虑，从而快速吸引大量用户。常见的"免费"营销方式有软件的免费试用期、游戏的免费试玩关卡、电商平台的新用户专享优惠等。通过"免费"营销，企业还可以收集到大量的用户数据，通过分析这些数据，企业可以更加精准地把握用户需求，优化产品或服务。

课堂讨论

（1）你知道哪些企业的拉新案例，拉新方法和效果如何？

（2）你还知道哪些用户拉新的方法？试着列举 1～2 个。

案例分析　　　　　　　　**容声 40 周年主题纪念活动**

2023 年 7 月 30 日，容声迎来成立的 40 周年。容声开启了主题为"容声 40 年为时光添金"的周年纪念活动。活动巧妙融合线上与线下渠道，很好地扩大了品牌影响力。

线下，容声开展了"容声 40 年 为时光添金"地铁巡展活动，以超长画刊的形式在广东、长沙、重庆等城市的地铁通道中展现容声的发展简史。展览以时间为脉络，将容声的历史沿革、产品创新和品牌理念等元素融合为一体，吸引了大量行人的驻足，纷纷在微博等新媒体平台上分享自己的参观体验。

线下，容声在南京、长沙、上海等 10 座城市举办了"探享·鲜活人间"美食巡展活动。活动形式丰富多样，吸引众多用户参与。例如，上海作为巡展活动的最后一站，巡展区设置有 WILL 鲜活市集区、容声 40 周年＋双净特展区和鲜活厨房区 3 大展区。每个展区均有丰富的活动，如在 WILL 鲜活市集区，用户可以从丰富的图案库中选择一款自己喜欢的图案，印刷生成专属的 DIY 帆布袋并可以将其带回家。另外，用户还可以在容声 40 周年＋双净特展区亲自体验容声 WILL 无边界冰箱 605 和容声双净 Pro·平嵌冰箱 506 产品，感受容声冰箱的魅力。

线上，为感谢广大用户，容声精心准备了众多奖品。用户在活动现场拍照打卡或者参与话题互动，并通过微信搜索登录"容声 WILL CLUB"小程序领取积分，即可抽取奖牌。获得金牌的用户在未来 40 年内还有机会免费领取 4 台容声新款冰箱。

随着人们生活水平的不断提高，用户对冰箱提出了保鲜、健康、美观等多样化要求。容声始终保持初心，以真诚的服务和高质量的产品陪伴着用户，满足用户对美好生活的向往。2023 年 12 月 27 日，容声冰箱在"40 周年颁金盛典"上正式发布品牌焕新计划："以'为健康养鲜，让美好生长'为品牌使命，做最懂中国家庭需求的专业冰箱品牌。"接着，容声公司常务副总裁称："新的品牌使命和愿景明确了容声的价值主张，即始终以用户的需求为核心，驱动容声在技术和产品方面持续创新升级，以健康养鲜助力品质生活的实现。"

案例点评：用户是品牌长远发展的基础。容声在品牌活动、产品创新和价值主张上都充分考虑了用户需求，坚持以用户为中心。在活动方面，容声采用线上线下结合的活动形式，充分满足用户的参与感，与用户建立更紧密的联系。同时，容声通过发布品牌焕新计划和明确的价值主张，体现了对用户需求的重视，很好地提升了品牌形象。容声通过此次活动，成功地将品牌传播与用户体验结合起来，加深了用户对容声的认同感。

2.3　用户留存和促活

要确保用户的持续留存,必须深入了解影响用户留存的关键因素。通过分析这些因素,企业可以制订更有针对性的用户留存策略,维护稳定的用户基础。

2.3.1　提升用户体验

用户体验是指用户对产品或服务的整体感受。良好的用户体验能够激发用户的兴趣和参与度,进而提高用户留存率和促活率。一般而言,要想提升用户体验,企业可以从强化产品功能、优化用户服务等方面入手。

1. 强化产品功能

产品功能通常是用户比较看重的,只有符合用户需求的功能才会真正地留住用户。

- **保证基础功能**:基础功能即产品必须具备的功能,如求职网站的简历投递功能、电商平台的下单结算功能等。企业要深入研究和理解目标用户的核心需求,并结合企业的实际进行功能设计,确保产品提供的功能有效解决用户痛点。

- **优化期待功能**:期待功能是指用户提出的、能够让产品更加贴合用户需求的功能。企业可以调查用户的使用体验,分析用户期待实现的功能,据此优化产品,让用户的期待变为现实,从而促进用户的留存,如图 2-7 所示为某终端的优化产品功能页面。

- **改善问题功能**:除了完善产品的基础功能和期待功能,企业还应当多倾听用户的意见和建议,及时改善存在问题的功能。例如,华为终端客服官方微博会针对用户提出的优化需求做出回复,如图 2-8 所示。同时,企业要紧跟市场变化和用户需求变化,定期进行功能升级和创新,为用户提供新鲜感,让产品始终保持竞争力。

图 2-7　优化产品功能页面

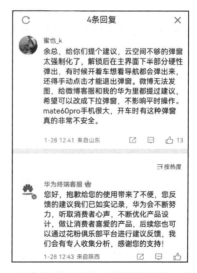

图 2-8　华为终端客服官方微博回复用户优化需求

素养课堂

用户是企业长远发展的基础。企业要坚持以用户为中心，关注用户需求，重视用户体验，为用户提供可靠、高效的产品和服务。

2. 优化用户服务

企业能否不断提供具有实际价值的信息和服务也会影响用户的留存率。这意味着企业需要不断优化服务，以便满足用户需求。具体而言，企业可以从建立沟通机制、提升服务质量等方面入手。

- **建立沟通机制**：企业应积极建立多元化的沟通机制，如在线客服、社交媒体互动等，确保用户能够便捷地获取信息、提出问题和分享反馈。企业积极响应用户咨询，充分倾听用户提出的意见，不仅有助于快速解决用户问题，还能深入了解用户需求，为改进产品和优化服务提供宝贵参考。此外，企业积极回应用户的评论和反馈，提供专业和友好的解答，也能提升用户对企业的信任感和满意度。

- **提升服务质量**：企业可以通过提升服务技能、响应速度和专业素养等，为用户提供准确、及时、高效的服务，优化用户体验。同时，根据用户的特定需求和偏好，企业还可以提供定制化服务，让用户感受到企业的关怀和重视。另外，企业可以建立完善的售后服务体系，解决用户的使用、售后等问题，通过给予用户全方位的支持和帮助，提升用户体验。

2.3.2 搭建用户激励体系

用户激励是指通过设置一系列具有吸引力和价值的奖励措施，提高用户的活跃度和忠诚度。这些激励措施可表现为积分系统、等级特权、荣誉认证、活动奖励等形式，旨在鼓励用户完成特定行为（如阅读、分享、评论、邀请新用户），同时可以提高用户的期待感和成就感，从而促进用户留存。常见的用户激励体系包括会员积分体系、用户等级体系和用户成就体系。

1. 会员积分体系

会员积分体系是一种常见的用户激励形式，通过为用户提供积分，促进用户参与、活跃和留存。用户可以通过完成任务、购买产品、参与活动等方式获取积分，如图2-9所示。积分可以用于兑换产品、升级会员等级、享受更多特权等，如图2-10所示。一般情况下，积分兑换的权益越有吸引力，越能引导用户做出指定行为。

图 2-9　获取积分　　　　　　　　图 2-10　积分兑换

2. 用户等级体系

用户等级体系将用户划分为不同的等级，不同等级的用户享有不同的权益，从而激励用户提升等级。常见的等级划分类型如 VIP 会员、白银会员、青铜会员等。会员积分体系经常和用户等级体系相结合，一般情况下，高等级的用户享有更多的权益。图 2-11 所示为某音乐软件关于用户升级可享受的权益说明。

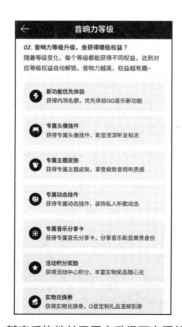

图 2-11　某音乐软件关于用户升级可享受的权益说明

3．用户成就体系

用户成就体系通过设置一系列的成就和勋章，鼓励用户完成任务、积累积分，以获取成就和勋章。这些成就和勋章可以展示用户的荣誉和成果，带给用户成就感。例如，淘宝根据用户的注册天数、消费金额和消费行为等授予用户成就勋章，如图 2-12 所示。

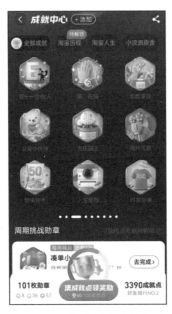

图 2-12　淘宝用户成就体系

构建合理的用户激励体系，可以在产品生命周期内增强用户黏性并提升活跃度，促进用户留存。对于会员积分体系而言，不仅要平衡积分获取难度和积分价值，还要规定积分获取上限，同时注意积分应定期清零，让整个交易过程形成闭环。针对用户等级体系，可以设置权益差异化（不同等级解锁特定功能）、个人展示差异化（如定制化主页、身份标识、专属效果）等。对于用户成就体系，可以设置不同的任务（如日常任务、新手任务、活动任务），并将给予特定成就的图标显示在个人主页的醒目位置。另外，为确保激励效果，企业还需要根据数据和用户反馈不断优化用户激励体系。

2.3.3　推送有价值的内容

合理运用电子邮件、短信、App 等，适时向用户推送有价值的内容、个性化的产品推荐，以及关怀问候等，可以获得用户的持续关注。在推送内容之前，企业要先了解用户的需求和兴趣，以有针对性地推送内容，提高用户的阅读率和点击率。例如，某教育类 App会定期向用户推送学习资源、课程推荐等内容。同时，推送内容需要定期更新，以持续吸引用户，维持用户的新鲜感。

2.4　课堂实训

实训 1　为运动品牌建立新用户管理表

运动品牌乐健为了提高自身 App 的影响力，特意举办了一次用户拉新活动。其为了了解用户的活跃度，现计划收集一周（2024 年 2 月 19 日～2024 年 2 月 25 日）使用过品牌 App 的用户信息，并建立新用户管理表。

微课视频

为运动品牌建立新用户管理表

1．实训要求

（1）收集并分析用户信息。

（2）按照用户生命周期划分用户等级。

2．实训步骤

步骤 01 收集用户信息。从 App 后台收集并整理一周（2024 年 2 月 19 日～2024 年 2 月 25 日）使用过品牌 App 的用户的相关信息（配套资源 :\ 素材 \ 第 2 章 \ 用户信息 .xlsx），部分用户信息如图 2-13 所示。

姓名	性别	年龄	注册日期	周访问频率/次	在线总时长/小时	互动次数/次	兴趣偏好	内容偏好	运动目标
王佳	女	21岁	2024/2/19	4	2	5	跳绳、瑜伽	健身指导、健身饮食	瘦身、塑形
李妍	男	30岁	2024/2/23	6	3	5	骑行、举重	健身课程、健身指导	增肌、塑形
徐允和	女	25岁	2024/2/20	2	1	2	舞蹈、瑜伽、游泳	健身课程、运动跟踪、健身饮食	减肥、塑形
安月	女	24岁	2024/2/20	5	2.5	5	健美操、瑜伽	健身课程、健康建议、健身饮食	瘦身
倪霞瑗	女	22岁	2024/2/19	3	1	3	跑步	运动挑战、运动跟踪	瘦身、塑形
蔡可	男	28岁	2024/2/24	9	3	8	武术、格斗	健身课程、健身指导、专家咨询与服务	增肌、塑形
姜梦瑶	女	27岁	2024/2/19	15	8	14	跳绳、瑜伽	健身课程、健身指导	减脂、塑形
汪昭	女	23岁	2024/2/20	12	7	12	舞蹈、游泳	健身课程、健身指导	瘦身、塑形
钱飘茹	男	25岁	2024/2/23	13	5	10	举重、跑步	健身指导、运动跟踪	增肌、减脂
路嘉	女	23岁	2024/2/21	10	5	9	跳绳、骑行、健美操	运动挑战、健身饮食	瘦身
俞瑛策	女	26岁	2024/2/23	3	2	7	舞蹈、瑜伽	健身课程、健身指导	塑形
章茜	女	29岁	2024/2/22	9	3	6	健美操、瑜伽	健身课程、运动挑战	减脂
邹月	男	25岁	2024/2/19	13	6	10	跑步、骑行	运动挑战、健身装备、运动跟踪	减脂
禹寒纯	女	25岁	2024/2/20	3	2.5	4	跑步、瑜伽	运动挑战、健身饮食	塑形
常悦	男	22岁	2024/2/20	3	1	6	跑步、举重	健身课程、健身指导	增肌、塑形
马轩	女	24岁	2024/2/20	10	5	12	跑步、健美操	健身课程、运动挑战	减脂
汤香茗	女	21岁	2024/2/22	12	8	9	跑步、瑜伽	健身课程、健身指导	塑形
平雨竹	女	31岁	2024/2/23	6	1.5	5	健美操、瑜伽	健身课程、运动挑战	塑形
贝克	男	29岁	2024/2/20	9	2.5	4	跑步、骑行	运动挑战、运动跟踪	减脂

图 2-13　部分用户信息

步骤 02 确定用户分类标准。根据收集到的用户信息可知，周访问频率、在线总时长和互动次数 3 个指标可以反映用户的活跃度，因此将其作为划分用户的依据。同时结合用户生命周期，确定将用户划分为流失用户、沉默用户和成长用户 3 种，具体划分标准如图 2-14 所示。不满足其中一项的，归类为沉默用户。

步骤 03 新建"流失用户"工作表。按住【Ctrl】键向右拖曳"用户信息"工作表标签复制工作表，并将工作表重命名为"流失用户"。

步骤 04 选择筛选方式。选中 E1 单元格"周访问频率 / 次"字段，在【数据】/【排序和筛选】组中单击"筛选"按钮▼，此时表头字段右侧将显示下拉按钮▾，单击"周访问频率 / 次"字段右侧的下拉按钮▾，在打开的下拉列表中选择"数字筛选"，在子列表中选择"小于或等于"，如图 2-15 所示。

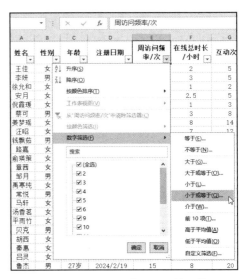

用户分类标准			
访问频率	在线总时长	互动次数	用户类型
≤3次	≤1小时	≤3次	流失用户
4~8次	2~3小时	4~8次	沉默用户
≥9次	≥4小时	≥9次	成长用户

图 2-14　用户分类标准　　　　　图 2-15　选择"小于或等于"

步骤 05 ▶ 设置周访问频率的筛选条件。打开"自定义自动筛选"对话框，在"小于或等于"选项右侧的数值框中输入数值"3"，单击 确定 按钮，如图 2-16 所示，筛选出周访问频率在 3 次及以下的用户，结果如图 2-17 所示。

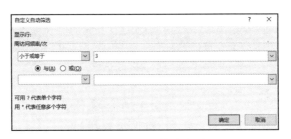

图 2-16　设置筛选条件

	姓名	性别	年龄	注册日期	周访问频率/次	在线总时长/小时	互动次数/次	兴趣偏好	内容偏好	运动目标
4	徐允和	女	25岁	2024/2/20	2	1	2	舞蹈、瑜伽、游泳	健身课程、运动跟踪、健身饮食	减脂、塑形
6	倪霞瑗	女	22岁	2024/2/19	3	1	3	跑步	运动挑战、运动跟踪	瘦身、塑形
12	俞瑛策	女	26岁	2024/2/23	3	2	7	舞蹈、瑜伽	健身课程、健身指导	瘦身、塑形
16	常悦	男	22岁	2024/2/23	3	1	6	跑步、举重	运动挑战、健身指导	增肌、塑形

图 2-17　周访问频率大于 3 次的用户

步骤 06 ▶ 筛选流失用户。按照步骤 04～05 方法，单击"在线总时长 / 小时"单元格右侧的下拉按钮▽，在打开的下拉列表中设置筛选条件为"小于或等于1"。单击"互动次数/次"单元格右侧的下拉按钮▽，在打开的下拉列表中设置筛选条件为"小于或等于3"，筛选出流失用户，结果如图2-18所示。

姓名	性别	年龄	注册日期	周访问频率/次	在线总时长/小时	互动次数/次	兴趣偏好	内容偏好	运动目标
徐允和	女	25岁	2024/2/20	2	1	2	舞蹈、瑜伽、游泳、跑步	健身课程、运动跟踪、健身饮食	减脂、塑形
倪霞瑗	女	22岁	2024/2/19	3	1	3		运动挑战、运动跟踪	瘦身、塑形

图 2-18　流失用户

步骤07 筛选沉默用户。按照上述相同的方法，新建"沉默用户"工作表，筛选周访问频率在 4 ～ 8 次、在线总时长在 2 ～ 3 小时、互动次数在 4 ～ 8 次的用户，结果如图2-19所示。

姓名	性别	年龄	注册日期	周访问频率/次	在线总时长/小时	互动次数/次	兴趣偏好	内容偏好	运动目标
王佳	女	21岁	2024/2/19	4	2	5	跳绳、瑜伽	健身指导、健身饮食	瘦身、塑形
李妍	男	30岁	2024/2/23	6	3	5	骑行、举重	健身课程、健身指导	增肌、塑形
安月	女	24岁	2024/2/23	5	2.5	5	健美操、瑜伽	健身课程、健康建议、健身饮食	瘦身
禹寒纯	女	25岁	2024/2/20	5	2.5	4	瑜伽	健身课程、健身饮食	塑形

图 2-19　沉默用户

步骤08 筛选成长用户。按照上述相同的方法，新建"成长用户"工作表，筛选周访问频率在 9 次及以上，在线总时长在 4 小时及以上、互动次数 9 次及以上的用户，结果如图2-20所示。

姓名	性别	年龄	注册日期	周访问频率/次	在线总时长/小时	互动次数/次	兴趣偏好	内容偏好	运动目标
姜梦瑶	女	27岁	2024/2/19	15	8	14	跳绳、瑜伽	健身课程、健身指导	减脂、塑形
汪昭	女	23岁	2024/2/20	12	7	12	舞蹈、游泳	健身课程、健身指导	瘦身、塑形
钱飘茹	男	25岁	2024/2/29	13	5	10	举重、跑步	健身指导、运动挑战、运动跟踪	增肌、减脂
路嘉	女	23岁	2024/2/21	10	5	9	跳绳、骑行、健美操	运动挑战、健身饮食	瘦身
邹月	男	25岁	2024/2/19	13	6	10	跑步、骑行	运动挑战、健身装备、运动跟踪	减脂
马轩	女	24岁	2024/2/22	12	6	12	跑步、健美操	运动挑战	减脂
汤香茗	女	21岁	2024/2/22	12	8	9	跳绳、瑜伽	健身课程、健身指导、运动跟踪	减脂、塑形
胡西	女	26岁	2024/2/19	15	8	10	跳绳、瑜伽	健身课程、健身饮食	减脂、塑形
秦惠	女	25岁	2024/2/19	16	8	16	跳绳、跑步	健身指导、健身饮食、运动跟踪	瘦身、塑形
吕灵	女	27岁	2024/2/23	11	6	11	骑行、健美操	健身课程、运动挑战	减脂
鲁杰	男	27岁	2024/2/19	15	8	20	跑步、游泳、举重	健身指导	减脂、增肌
李乐	男	21岁	2024/2/23	9	4	10	骑行、举重	运动挑战	减脂、增肌
王军	男	25岁	2024/2/19	12	5	11	跑步、游泳	健身指导	减脂
刘雅	女	20岁	2024/2/20	13	7	16	跳绳、瑜伽、健美操	健身指导、健身饮食	减脂、塑形

图 2-20　成长用户

步骤09 制作用户管理表。根据上述操作步骤得到的结果，以及用户的姓名、性别、年龄等信息制作用户管理表（配套资源:\效果\第2章\用户管理表.xlsx），结果如图2-21所示。

乐健用户管理表			
姓名	性别	年龄	用户类型
王佳	女	21岁	沉默用户
李妍	男	30岁	沉默用户
徐允和	女	25岁	流失用户
安月	女	24岁	沉默用户
倪霞瑗	女	22岁	流失用户
蔡可	男	28岁	沉默用户
姜梦瑶	女	27岁	成长用户
汪昭	女	23岁	成长用户
钱飘茹	男	25岁	成长用户
路嘉	女	23岁	成长用户
俞瑛策	女	26岁	沉默用户
章茜	女	29岁	沉默用户
邹月	男	25岁	成长用户

禹寒纯	女	25岁	沉默用户
常悦	男	22岁	沉默用户
马轩	女	24岁	成长用户
汤香茗	女	21岁	成长用户
平雨竹	女	31岁	沉默用户
贝克	男	29岁	沉默用户
胡西	女	26岁	成长用户
秦惠	女	25岁	成长用户
吕灵	女	27岁	成长用户
鲁杰	男	27岁	成长用户
杜琳雪	女	23岁	沉默用户
苏亚伊	女	20岁	沉默用户
李乐	男	21岁	沉默用户
张杰	女	24岁	沉默用户
王军	男	25岁	成长用户
刘雅	女	20岁	成长用户

图 2-21　用户管理表

实训 2　为运动品牌构建用户画像

为了解新用户对品牌 App 的需求和运动偏好，乐健打算根据收集的用户信息构建用户画像。

微课视频

为运动品牌构建用户画像

1．实训要求

（1）提炼用户标签。

（2）构建用户画像。

2．实训步骤

步骤 01　确定构建思路。根据用户信息表（配套资源:\ 素材 \ 第 2 章 \ 用户信息 .xlsx）可知，从性别、年龄、兴趣偏好、内容偏好和运动目标等信息中既可以了解用户的基本信息，又可以了解用户的兴趣和需求。因此，使用 Excel 中的函数分别统计这几项数据的数量和占比，然后将占比高的数据提炼为标签，最后使用图表构建用户画像。

步骤 02　计算男性用户人数。打开"用户信息 .xlsx"文件（配套资源:\素材\第 2 章\用户信息 .xlsx），在 A33、B33、C33 单元格中分别输入"性别""数量""占比"，在 A34、A35 单元格中分别输入"男""女"。选中 B34 单元格，在编辑栏中输入"=COUNTIF($B$2:$B$30," 男 ")"，如图 2-22 所示，按【Enter】键，得到男性用户的人数。

步骤 03　计算女性用户人数。将 B34 单元格中的公式复制粘贴到 B35 单元格，然后将公式中的"男"更改为"女"，如图 2-23 所示，按【Enter】键，得到所有女性用户的人数。

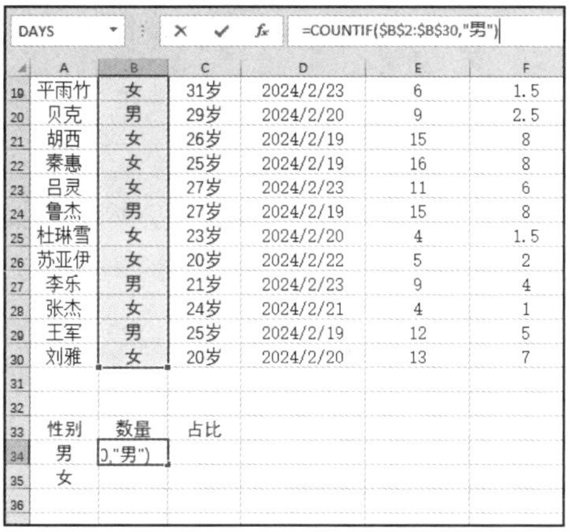

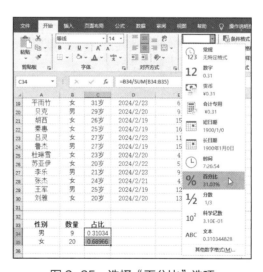

图 2-22　计算男性用户人数 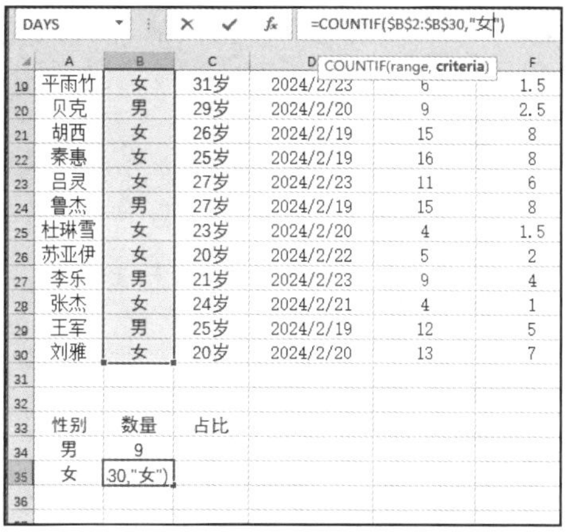　　　　图 2-23　计算女性用户人数

步骤 04 ◯计算性别占比。选中 C34 单元格,在编辑栏中输入"=B34/SUM(B34: B35)",如图 2-24 所示,计算男性用户数占男女总数的比值,按【Enter】键得到结果。复制 C34 单元格中的公式到 C35 单元格,并将公式中的"B34"更改为"B35",得到女性用户数占男女总数的比值。选中 C34:C35 单元格区域,在【开始】/【数字】组中单击"常规"下拉按钮,在弹出的下拉列表中选择"百分比",如图 2-25 所示,将比值以百分比的形式显示。

图 2-24　输入公式　　　　图 2-25　选择"百分比"选项

步骤 05 ◯计算年龄数量和占比。为便于统计年龄情况,先将年龄数据划分为不同的年龄段,如"20 ~ 25 岁""26 ~ 30 岁""30 岁以上"。在 E33、F33、G33 单元格中分别输入"年龄""数量""占比",在 E34、E35、E36 单元格中分别输入 3 个年龄段。选中 F34 单元格,在编辑栏中输入"=COUNTIF(C2:C30,">=20 岁 ")-COUNTIF(C2:C30,"<=25 岁 ")",按【Enter】键得到结果。按照相同的方法修改年龄条件,并计算年龄占比情况。

步骤06 ▶ 分列数据。在 H 列右侧插入两列空白列，然后选中 H2:H30 单元格区域，单击【数据】/【数据工具】组中的"分列"按钮▦，打开"文本分列向导"对话框，单击 下一步(N) 按钮，勾选"分号""其他"复选框，在"其他"右侧的文本框中输入"、"，如图 2-26 所示，单击 下一步(N) 按钮，然后单击 完成(F) 按钮，完成分列，效果如图 2-27 所示。按照相同的方法分列"内容偏好"和"运动目标"列的数据。

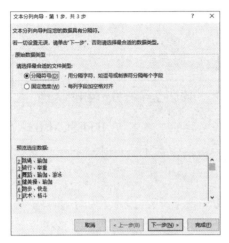

图 2-26　设置分列数据方式

	姓名	性别	年龄	注册日期	周访问频率/次	在线总时长/小时	互动次数/次	兴趣偏好		
2	王佳	女	21岁	2024/2/19	4	2	5	跳绳	瑜伽	
3	李妍	男	30岁	2024/2/20	6	2	5	骑行	举重	
4	徐允和	女	25岁	2024/2/20	2	1	2	舞蹈	瑜伽	游泳
5	安月	女	24岁	2024/2/23	5	2.5	5	健美操	瑜伽	
6	倪霜瑗	男	21岁	2024/2/19	3	1	3	跑步		
7	蔡可	男	28岁	2024/2/24	9	3	8	武术	格斗	
8	姜梦瑶	女	27岁	2024/2/19	15	8	14	跳绳	瑜伽	
9	汪昭	女	23岁	2024/2/20	12	7	12	舞蹈	游泳	
10	钱飘茹	男	25岁	2024/2/29	13	5	10	举重	跑步	
11	路嘉	女	23岁	2024/2/21	10	5	9	跳绳	骑行	健美操
12	俞瑛策	女	26岁	2024/2/23	3	2	7	舞蹈		
13	章茜	女	29岁	2024/2/22	5	4	6	健美操		
14	邹月	男	25岁	2024/2/19	13	6	10	跑步	骑行	
15	禹寒纯	女	25岁	2024/2/20	6	2.5	4	瑜伽		
16	常悦	女	22岁	2024/2/23	3	1	6	跑步	举重	
17	马轩	女	24岁	2024/2/20	10	5	12	跑步	健美操	
18	汤香茗	女	21岁	2024/2/22	12	8	5	跳绳	瑜伽	
19	平雨竹	女	31岁	2024/2/23	6	1.5	5	健美操	瑜伽	

图 2-27　数据分列效果

步骤07 ▶ 统计兴趣偏好情况。在 A38、B38、C38 单元格中分别输入"兴趣偏好""数量""占比"，在 A39 单元格中及其下方的单元格中依次输入兴趣偏好类型。选中 B39 单元格，在编辑栏中输入"=COUNTIF(H2:J30," 跳绳 ")"，计算 H2:J30 单元格区域中包含"跳绳"的数量，如图 2-28 所示。按照相同的方法计算其他兴趣偏好类型的数量和占比。最后，按照此方法计算"内容偏好"和"运动目标"的分布情况，计算结果如图 2-29 所示。

DAYS　　　✕　✓　*fx*　=COUNTIF(H2:J30,"跳绳")

A	B	C	D	E	F	G	H	I	J	K	L
章茜	女	29岁	2024/2/22	9	3	6	健美操	瑜伽		健身课程	健身指导
邹月	男	25岁	2024/2/19	13	6	10	跑步	骑行		运动挑战	健身装备
禹寒纯	女	25岁	2024/2/20	5	2.5	4	瑜伽			健身课程	健身饮食
常悦	男	22岁	2024/2/23	3	1	6	跑步	举重		运动挑战	健身指导
马轩	女	24岁	2024/2/20	10	5	12	跑步	健美操		健身课程	运动挑战
汤香茗	女	21岁	2024/2/22	12	8	9	跳绳	瑜伽		健身课程	健身指导
平雨竹	女	31岁	2024/2/23	6	1.5	5	健美操	瑜伽		健身指导	运动跟踪
贝克	男	29岁	2024/2/20	9	2.5	4	跑步	骑行		运动挑战	运动跟踪
胡西	女	26岁	2024/2/19	15	8	10	跳绳	瑜伽		健身课程	健身饮食
秦惠	女	25岁	2024/2/19	16	8	16	跳绳	跑步		健身指导	健身饮食
吕灵	女	27岁	2024/2/23	11	6	11	骑行	健美操	举重	健身指导	运动挑战
鲁杰	男	27岁	2024/2/23	15	8	20	跑步	游泳	举重	健身指导	
杜琳雪	女	23岁	2024/2/20	4	1.5	5	跳绳			健身课程	
苏亚伊	女	20岁	2024/2/22	5	2	3	跳绳	游泳		健身指导	运动挑战
李乐	男	21岁	2024/2/23	9	4	10	骑行	举重		运动挑战	运动跟踪
张杰	女	24岁	2024/2/21	4	1	5	跳绳	瑜伽		健身课程	运动跟踪
王军	男	25岁	2024/2/19	12	5	11	跳绳	游泳		健身指导	
刘雅	女	20岁	2024/2/20	13	7	16	跳绳	瑜伽	健美操	健身指导	健身饮食

性别	数量	占比		年龄	数量	占比
男	9	31.03%		20~25岁	10	34.48%
女	20	68.97%		26~30岁	18	62.07%
				30岁以上	1	3.45%

兴趣偏好	数量	占比
跳绳	[跳绳")	
瑜伽		
骑行		
举重		
舞蹈		
游泳		
跑步		
健美操		

图 2-28　计算包含"跳绳"的数量

性别	数量	占比		年龄	数量	占比
男	9	31.03%		20~25岁	10	34.48%
女	20	68.97%		26~30岁	18	62.07%
				30岁以上	1	3.45%
兴趣偏好	数量	占比		内容偏好	数量	占比
跳绳	10	16.67%		健身课程	16	25.81%
瑜伽	13	21.67%		健身指导	15	24.19%
骑行	6	10.00%		健身饮食	9	14.52%
举重	6	10.00%		健康建议	1	1.61%
舞蹈	3	5.00%		运动跟踪	8	12.90%
游泳	5	8.33%		运动挑战	11	17.74%
跑步	10	16.67%		健身装备	1	1.61%
健美操	7	11.67%		专家咨询与服务	1	1.61%
运动目标	数量	占比				
瘦身	9	18.75%				
塑形	18	37.50%				
增肌	6	12.50%				
减脂	15	31.25%				

图 2-29　各项内容的数量及占比情况

步骤 08 ▸ 插入簇状柱形图。选中 A33:B35 单元格区域，在【插入】\【图表】组中单击"插入柱形图或条形图"按钮 ▮▮ ，在打开的下拉列表中选择"二维柱形图"栏下的"簇状柱形图"，如图 2-30 所示，将性别的数量情况以柱形图的形式呈现，然后修改图表标题为"性别数量情况"。

步骤 09 ▸ 插入饼图。选中 A33:A35 和 C33:C35 单元格区域，在【插入】\【图表】组中单击"插入饼图或圆环图"按钮 ◗ ，在打开的下拉列表中选择"二维饼图"栏下的"饼图"，如图 2-31 所示，将性别的占比情况以饼图的形式呈现。按照相同的方法将其他数据以图表的形式呈现，部分效果如图 2-32 所示（配套资源:\效果\第 2 章\用户数据分析结果 .xlsx）。

图 2-30　插入簇状柱形图　　　　　　图 2-31　插入饼图

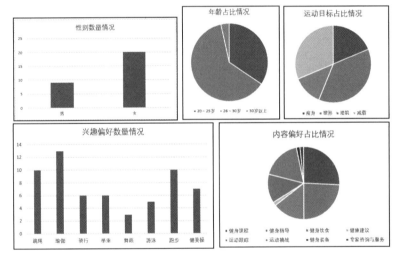

图 2-32　数据图表呈现效果

步骤10 ▷ 提取标签。从用户数据分析结果中提炼占比大的选项作为用户标签，如"女""26～30岁""跳绳""瑜伽""跑步""健身课程""健身指导""运动挑战""塑形""减脂"。

步骤11 ▷ 构建用户画像。整合提炼出来的用户标签，构建用户画像，如表2-3所示。

表 2-3　乐健 App 的新用户画像

标签类别	标签内容
固定属性标签	26～30岁的女性用户，偏好跳绳、瑜伽和跑步3项运动，喜欢观看健身课程、寻求健身指导，关注运动挑战活动，且以塑形和减脂为健身目标
路径标签	使用品牌 App
场景标签	健身

实训 3　留存和促活用户

构建新用户的用户画像后，乐健为维护新用户的稳定，打算开展留存和促活工作。

1．实训要求

制订留存和促活用户的策略。

2．实训步骤

步骤 01 ◗分析新用户画像。通过分析新用户画像，乐健可以更好地理解不同用户群体的需求和偏好，同时确定哪些内容、活动或功能最有可能吸引不同用户群体并保持他们的兴趣。根据新用户画像可知，乐健的新用户主要为活跃、积极且对健康有追求的女性群体，她们希望通过专业指导和参与活动来满足自身的健身需求。

步骤 02 ◗制订留存和促活策略。根据新用户画像和运营需求，制订多个方面的留存和促活策略。例如，从提升用户体验的角度留存和促活用户，内容方面，为其推荐更多健身课程，满足其学习需求；活动方面，定期举办健身挑战赛，提升用户的参与感；互动方面，建立用户社区，鼓励用户分享健身心得，促进用户产生归属感；产品方面，不断优化 App 的服务和功能，提升用户的使用体验。

2.5　课后练习

某女装品牌为了解用户对女装产品的偏好和需求，从店铺后台收集了购买过店铺产品的用户信息（配套资源:\素材\第 2 章\女装品牌用户信息 .xlsx），以便设计出符合用户喜好的服装。同时，该品牌还打算开展用户拉新工作，以促进产品的销售。考虑到后续新款产品的销售需要，该品牌还打算实施一系列用户留存措施。

1．为该女装品牌构建用户画像。

2．根据该女装品牌的用户画像，分析用户特点。

3．为该女装品牌制订拉新和留存策略。

第3章
新媒体内容运营

　　内容是企业传达信息、传递品牌价值、与用户建立联系的载体。内容的质量、表现形式等影响着最终的运营效果。熟悉不同新媒体运营内容的表现形式，掌握内容定位的方法，对打造有吸引力、有价值的内容至关重要。

学习目标

- 掌握内容定位的方法。
- 掌握标题的写作技巧。
- 掌握传播内容的方法。

素养目标

- 具备敏锐的洞察力，善于捕捉热点。
- 具有社会责任感，创作和传播正能量内容。

3.1　内容定位

　　内容运营需要运营人员通过新媒体渠道，采用文字、图片、音频、视频、H5、直播等形式将产品或品牌信息呈现在用户面前，激发用户参与、分享、传播。为了确保内容运营的有效性和针对性，运营人员需要先对内容进行精准定位，以便明确运营方向。

课堂讨论

　　（1）你喜欢哪种内容的表现形式，为什么？

　　（2）图片、视频和直播这三种形式的内容哪种更容易引发你的阅读兴趣？为什么？

3.1.1　内容的表现形式

在新媒体运营中，内容的表现形式丰富多样，如文字、图片、音频、视频等。它们的特点和适用场景各不相同，可以满足不同的内容呈现需要。

1. 文字

文字是直接且被广泛使用的内容表现形式，适用于传达详细、深入的信息，如新闻报道、专业解读、故事叙述等，如图 3-1 所示。同时，文字的表现手法多样，不同的写作方法可以产生不同的运营效果，可以快速吸引用户的注意力并引起用户的共鸣。需要注意的是，长文字内容须确保描述准确、用语简洁且段落适中，以免引起用户的阅读疲劳和反感。为提升用户的阅读体验，可以在长文字内容中适当配图或分段排版。

2. 图片

相比于文字，图片具有更强的视觉冲击力，可在展示内容的同时给予用户一定的想象空间。图片形式多样，包括动图、长图、九宫格图片等，可以满足多种内容运营需求。图片既可单独传达营销信息，也可与文字搭配使用，以便于用户理解，提升阅读体验。微信公众号中的封面图、品牌的产品宣传图就常采用图文结合的形式来展示信息，如图 3-2 所示。

图 3-1　文字内容　　　　图 3-2　图文结合的内容

3. 音频

音频具有亲和力，能够快速拉近产品或企业与用户之间的距离，让用户感到亲切，从而加深互动。但音频收录过程中可能会由于外界的干扰导致信息收录不完整，影响用户对信息的接收，甚至错失重要的内容。因此，以音频方式开展营销时，要保证录音环境没有噪声，录音人员发音吐字清晰、语速适当、用语简明，让用户容易理解。

4. 视频

视频是目前主流的新媒体内容表现形式，能够更加生动、形象地展现内容，具有很强的即视感和吸引力。品牌宣传、产品演示、教育培训等内容大多通过视频来展示。例如，淘宝在春运高峰到来前夕发布了一个关于"宝贝"的宣传短片《宝贝收到了》。短片以春运为故事线，将在外求学打工的游子收拾行囊踏上回家路的过程比喻为在淘宝购物等待宝贝打包运输签收的流程，如图 3-3 所示，生动形象地传递出"每个归乡的游子，都是等待被签收的宝贝"这一深刻而动人的主题，引发了用户的情感共鸣。通过这一创意视频，淘宝不仅拉近了与用户的距离，还强化了淘宝生活陪伴者的角色。

5. H5

H5 可以简单理解为使用 HTML5 技术制作的网页，集文字、图片、音乐、视频、链接等多种形式于一身，多用于邀请函、产品宣传网页、企业形象宣传和招聘网页等的制作。例如，科大讯飞为新产品讯飞智能无线话筒 C1 打造了一个创意 H5 作品。作品中，用户通过声音开启盲盒，有机会抽取到科大讯飞寻声数字藏品，如图 3-4 所示。其通过给予福利的方式，让更多的用户了解并购买科大讯飞的新产品，实现新产品曝光和转化销售的品牌诉求。

图 3-3　淘宝视频内容　　　　　图 3-4　科大讯飞 H5 内容

6. 直播

直播是一种实时性、互动性较强的内容表现形式，为内容创作者提供了通过互联网将正在进行的活动、表演等实时传达给用户的渠道。产品发布会、电商带货、娱乐表演、专业讲座等多通过直播的形式。

不同的内容表现形式有不同的优缺点，运营人员在确定内容表现形式时，应全面考虑运营需求、用户需求及传播渠道等因素，力求实现最佳的信息传递效果与运营效益。

3.1.2　内容定位的原则

在进行内容定位时，为确保内容的准确性、可读性和实用性，还需要遵循一定的原则。

1. 符合产品或品牌的定位

内容定位要与企业的产品或品牌的定位相符合，这意味着内容必须反映并强化产品的核心价值、功能特点及品牌形象。例如，企业的产品定位是 3 分钟的素食早餐，那么内容的关键词就应当是效率、美味、健康、便利等。除此之外，运营人员还应当保证内容风格、用语等的统一，从而提高内容的专业性与可读性。

2. 满足用户需求

在进行内容定位时，运营人员还需要深入了解用户的需求、兴趣和行为习惯，确保创作出的内容能够解决用户的问题或满足其需求。例如，教育类产品的内容可以围绕提升学习效率、解决知识难点等进行精准定位。

3. 符合运营目的

内容创作应符合运营目的，运营目的不同，内容创作的方向和侧重点就不同。例如，以广告分成为目的，那么内容就要注重阅读量，可结合热点、娱乐等来确定内容创作方向；以个人品牌建设为目的，那么就要注重内容的质量与专业性，以累积个人口碑；以销售产品为目的，那么就要注重引流和转化，要选择能够直接引导到产品链接页面的营销平台，并在内容中突出目标用户的痛点或可以获得的好处。

4. 贴合运营能力

运营的成功与否，在很大程度上取决于内容的质量，这与运营人员的写作能力息息相关。运营人员必须掌握内容策划和写作的核心技能，以便创作出有吸引力的内容，实现运营目标。同时，运营人员还需要明确自身的独特优势，并根据这些优势来确定内容定位，体现内容的独特性。

> **素养课堂**
>
> 要适应不断变化的运营市场和多样化的用户需求，运营人员要善于学习和借鉴优秀的运营经验，不断提升自身能力，持续创作出高质量且符合定位要求的内容。

3.1.3　内容定位的流程

在把握内容定位原则的基础上，为向用户提供更加精准、有价值的内容，运营人员还需要遵循内容定位的流程。

1. 确定内容呈现形式

确定内容呈现形式即确定内容的表现形式（如文字、图片、视频、直播等），以及采用何种表现风格（如娱乐风格、教育风格、科普风格等）来吸引目标用户的注意力。一般而言，不同产品和品牌、不同运营目的、不同运营渠道采取的内容呈现形式有所差异。例如，网店热衷通过直播的方式销售产品，企业则会综合运用短视频、图文等多种表现形式来宣传品牌或产品。

2. 选择内容传播媒介

不同的媒介具有不同的特点和优势，内容的传播效果也会有所差异。为确保运营效果的最大化，运营人员需要选择合适的媒介来发布和传播内容。首先，应考虑目标用户的媒介使用偏好；其次，需要考虑媒介的传播范围和覆盖面，以便实现内容大规模传播；最后，还需要结合内容本身的特点来选择媒介，如深度报道或专业分析的内容适合发布在微信公众号，而短视频适合发布在抖音平台。

3. 策划和包装内容

策划和包装内容是内容运营中的重要一环。适当地策划和包装内容，可以使内容获得更多的流量。此外，同一内容还可以在不同的时间反复使用、包装，从而增加曝光率，吸引更多用户的注意力。

4. 打造内容亮点

打造内容亮点是提升内容吸引力和传播效果的关键。打造内容亮点时，一般可以从优化关键词、展现价值、体现品牌精神、挖掘用户痛点4个角度着手。

- **优化关键词**：通过了解用户的搜索习惯和当前的热门话题，选择与内容主题紧密相关且能吸引目标用户的关键词，再将关键词自然地融入标题、正文中，从而提高搜索排名和曝光度。

- **展现价值**：展现内容的价值可以提高内容的吸引力。要打造优秀的内容亮点，可以从多方面展现内容的价值，如突出核心观点、提供独特见解、提供实用的技能和知识等。

- **体现品牌精神**：在内容创作中，凸显品牌精神和价值观是打造内容亮点的重要手段之一。通过在内容中展现品牌的精神，可以增强用户对品牌的认知和信任感，提高品牌影响力。例如，在内容中讲述品牌创始人经历或产品背后的故事，可以增加用户对品牌的认同感，树立品牌形象。

- **挖掘用户痛点**：用户痛点是指用户在使用产品或服务过程中所遇到的问题或困难。通过深入了解用户痛点，可以创作更有针对性的内容，解决用户的问题、提供实用的建议和方案，从而提高用户的参与度和忠诚度。

5. 设计转化入口

不管是文字、图片，还是音频、视频，任何优质的内容在推出时都需要一个方便用户行动的入口，如快速关注、直接购买、了解更多、收藏、转发等。一般来说，用户刚接收信息的时刻是转化的最佳时刻，时间间隔越久，入口操作越复杂，用户的转化行动就越少。

内容的转化入口很多，常见的有产品购买链接、二维码、小程序链接、短视频或直播链接、网址等，运营人员可以根据实际转化需要选择对应的转化入口，并添加到内容中。

6. 追踪和反馈效果

一般来说，运营人员可以依据内容传播广度、内容传播次数、内容转化率等指标衡量内容的质量和效果。根据内容在各项指标上的实际表现来评价内容营销的效果，然后进行优化，以获取更大的运营价值。

3.2　素材的搜集和整理

搜集和整理素材可以为内容创作提供丰富的原始素材和灵感来源。通过精心搜集和整理相关内容，可以确保所创作的内容更加精准、丰富且有深度，从而更好地满足用户需求。

3.2.1　素材的来源渠道

要想高效地获取丰富又有价值的素材，运营人员需要了解素材的来源渠道，以便根据需要搜集素材，建立专属素材库，提高内容创作效率和内容质量。

1. 内部渠道

内部渠道获取的素材就是指运营人员自身或身边人的经验、看法等。通过内部渠道获取的素材一般都是原创素材，是运营人员自行设计、撰写的素材。对于内容创作而言，原创素材是比较好的。运营人员要想从内部渠道获取素材，就要在工作、生活中培养搜集素材的习惯，如企业活动的现场图片、相关产品的介绍、同事或用户反映的与产品或品牌相关的其他信息等，都可以进行搜集。

2. 外部渠道

从外部渠道获取素材的途径较为多样。一般而言，运营人员可以通过搜索引擎、社交媒体、新闻网站、行业报告和统计数据等获取素材。

- **搜索引擎**：通过输入关键词的方式在搜索引擎中进行搜索，可以快速找到与创作内容相关的文章、报告、图片、视频等。此外，搜索引擎还提供了高级搜索选项，如限定搜索范围、文件类型等，可以更精确地帮助运营人员获取所需素材。

- **社交媒体**：社交媒体平台如微博、微信、抖音等，是获取实时信息和用户反馈的重要渠道。根据创作的内容主题，运营人员可以关注与之相关的账号、话题等，获取最新的动态。同时，运营人员也可以与用户互动，了解他们的需求和反馈，从而为内容创作提供参考。

- **新闻网站**：新闻网站是获取时事热点和行业资讯的重要来源。运营人员可以订阅与创作主题相关的新闻账号，或者通过搜索引擎查找相关新闻报道。这些新闻素材可以为内容创作提供背景信息和观点支持。

- **行业报告和统计数据**：行业报告和统计数据是了解行业趋势和市场需求的重要依据。运营人员一般可以通过专业机构或政府部门的网站获取这些报告和数据。这类素材可以为内容创作提供数据支持和专业见解，增强内容的专业性和说服力。

素养课堂

在利用外部渠道获取素材时，运营人员需要提高信息甄别能力，注意验证信息的可信度，避免使用误导性或不准确的素材，影响用户认知。

3.2.2 归纳和整理素材

搜集好素材后，运营人员还需要归纳和整理素材，以便在创作内容时高效便捷地查看素材，同时确保搜集的素材具有实用性和相关性。

1. 归纳素材

在归纳素材时，可以根据素材的特点和需求进行分类。例如，可以根据素材的内容主题、表现形式、时间顺序等进行分类。

- **按内容主题分类**：将素材按照内容主题进行分类，如对于健康饮食类的内容主题，可以将涉及营养、食材选择、烹饪技巧等相关的素材归为一类。

- **按表现形式分类**：根据素材的表现形式归纳素材，如文字、图片、视频、音频等。

这种分类方式有助于根据内容需求快速找到合适的素材类型。一般而言，可将素材分为文字类素材（文章、报告、书籍）、图像类素材（图片、图表、漫画）、音频类素材（访谈录音、音乐）和视频类素材（宣传片、讲座、教程）等。

- **按时间顺序分类**：如果素材具有时效性，可以按照时间顺序进行分类，这样可以更容易地找到最新的信息，同时便于追踪某一话题随时间的发展情况。

2. 整理素材

整理素材实际是一个选择和淘汰素材的过程，有了有价值的素材，才能创作出高质量的内容。在整理素材时，应注意以下事项。

- **选择时新、淘汰过时**：对于具备一定时效性的内容，用户的关注度会比较高，特别是如热点事件和热点人物、即将开始或正在进行的活动、最近流行的音乐等内容。因此，运营人员在整理素材时应精选时新、前沿的素材，淘汰过时、陈旧的素材。例如，就"双 11"活动而言，运营人员在整理相关素材时，应当选择最新的活动内容，摒弃过时的活动内容。

- **选择差异、淘汰同质**：选择差异化的素材可以帮助运营人员创作出观点独特、视角新颖的内容，提高内容的吸引力。同时，在整理素材时，运营人员还应剔除那些表达相同或相似观点的内容，避免内容重复。

- **选择授权、淘汰侵权**：网络上的素材比较丰富，在选择素材时，很有可能会发生侵权的问题，因此运营人员在搜集时应当查看是否有同意授权的文字，或在需要使用时寻求创作者获得引用、使用或分享的授权。对于无法确认来源、未经创作者授权的素材，最好删除。

> **课堂活动**
>
> 　　企业甲计划在春节推出一款超薄、智能，集拖地、擦地于一体的家用全自动扫地机器人，并准备采用推送微信公众号文章的形式开展营销推广，请搜索并整理相关素材。

3.3　内容的创作

有了合适的素材后，就需要组织、运用素材来创作新媒体内容。在具体创作时，运营人员不仅要重视标题，还要注重情感的表达，保证内容有吸引力。

3.3.1　掌握标题的写法

标题是用户最先看到的内容，在很大程度上影响其阅读欲望。因此，写作一个优质且有吸引力的标题非常重要。

1. 标题的写作原则

一个优秀的标题不仅能迅速吸引用户的注意力，还能有效传达内容的核心信息，进而提升点击率和流量，达到较好的运营效果。运营人员在写作标题时，应当遵循以下写作原则。

- **真实**：真实是写作标题的基本原则。标题应当真实反映内容，不夸大、歪曲事实，避免使用虚假或误导性的标题，以免损害用户的信任感。

- **通俗易懂**：标题应该简洁明了，语言平实易懂，避免使用过于专业或复杂的词汇。这样可以确保用户能快速理解标题所传达的信息，并产生进一步了解的兴趣。另外，简洁的标题也更容易被记住和传播。

- **有趣、新颖**：有趣的标题可带给用户愉悦感，提升用户的新鲜感，从而激发用户的阅读欲望。另外还要注意标题的新颖性，标题的新颖程度越高，越能体现内容的独特性，吸引用户继续阅读内容。

- **原创**：原创的标题有助于塑造鲜明的写作风格，增强内容的独特性和识别度。运营人员可以尝试从不同的角度和视野分析和解读内容，或通过运用修辞手法、引用网络词汇等方法，增强标题的创意性。

2. 标题的写作技巧

除了掌握基本的标题写作原则，为进一步提升标题的质量和吸引力，运营人员还可以灵活运用多种标题写作技巧。

- **使用符号**：在标题中加入标点符号能给人强烈的感官刺激，提高用户的点击欲望。例如，使用感叹号增强语气，如"速领！你的夏日出行指南"；使用问号引发用户好奇，如"香蕉为什么会长黑斑？"等。

- **使用数字**：相比于文字，数字更直观、清晰，在标题中使用数字可以增加内容的可信度和辨识度。同时，对于总结性的关于数量和销量、折扣、时间、排名等的内容，使用数字更直观。例如，"10 条新媒体运营的干货""4.9 折＋牛奶免费送，你还在等什么？"就是典型的数字式标题。

- **借力借势**：借力是指利用别人的资源或平台（如政府、专家或新闻媒体），推广自身的产品或服务，达到快速销售的目的。借势主要是指借助最新的热门事件、新闻等来创作标题，基于用户对社会热点的关注，吸引其关注内容，提高内容的点击率和转载率。例如，"瑞上天！瑞幸咖啡成为中国航天事业支持伙伴！"

- **设置悬念**：在标题中设置悬念可以引发用户的好奇心，促使用户继续阅读内容。设置悬念，还可以引导用户进行思考，增强用户对内容的理解和记忆。在设置悬念时，可以通过提出问题来引发用户思考，或只说明部分信息或关键细节，让用户对内容产生期待感。例如，"抹茶冰淇淋回归！还有新成员？""瑞幸杯托不要扔！快来解锁 1001 种 DIY 玩法！"

- **使用修辞**：合理使用比喻、引用、对偶、对比、拟人和夸张等修辞手法，不仅可以增加标题的吸引力和趣味性，还能让标题显得更有创意。例如，"我用 49 元买到了一瓶巨好用的卸妆水，×× 品牌都要靠边站！"就是运用对比手法的标题。

🏷 **课堂活动**

根据上个课堂活动搜集整理的素材，运用合适的标题写作技巧创作 2～3 个具有吸引力的文章标题。

3.3.2　注重情感的表达

注重表达情感的内容往往能够引起用户的共鸣，满足用户心理与情感上的需求，从而提高用户对产品或品牌的认同感、依赖感和归属感。

要在内容中表达情感，运营人员需要先明确企业产品、品牌理念及价值观等与情感之间的关联点，然后根据所找到的情感关联点，将企业产品、服务或品牌故事化，通过细腻的描绘和生动的情节设置来展现其蕴含的情感价值。

例如，2024 年 1 月 12 日，美团买药携手美林推出了一个触动人心的情感短片。该短片以亲情为主线，细腻描述多个孩子生病时的状态和宝爸宝妈的快速反应。例如，当听到孩子打喷嚏的声音、看到孩子比往常更红扑扑的脸蛋、收到家长群其他家长的请假信息时，宝爸宝妈立刻预感到孩子可能生病了。宝爸宝妈下意识地惦记和快速反应，充分体现了父母无私的爱，很好地引发了用户的情感共鸣。同时，短片中通过美团买药快速送达退烧药的行动，传递了品牌"让爸妈的快，快上加快"的价值主张，获得了用户的情感认同。

为扩大情感内容的影响力，运营人员可以策划能够引发用户产生情感共鸣的线上或线下互动活动，深化用户的情感体验。例如，在微博发起与情感主题相关的话题讨论活动，或在线下举办亲子互动日、友情摄影展等体验式活动。

🏷 **课堂活动**

在网上搜索 2～3 个最新的情感营销案例，分析其选择的情感类型，以及达到的情感效果。

3.3.3　保证内容有吸引力

有吸引力的内容不仅能够促使用户产生阅读兴趣，还能促进用户评论、分享，扩大内容的影响力。

1. 关注用户需求

了解并关注用户需求是确保内容有吸引力的基础。这要求运营人员通过市场调研、数据分析、用户反馈等方式，洞察用户的需求和兴趣点，然后在创作内容时，紧密围绕这些需求展开，如提供有价值的信息、解决方案或满足情感需求等，从而提高内容的吸引力。

2. 制造反差

制造反差可以带给用户强烈的视觉和认知冲击力，从而有效吸引用户。运营人员可以通过设置意想不到的情节发展、突然转折的剧情等，带给用户冲击力和新奇感，激发用户的探索欲望。

3. 注重内容的美观

内容的表现形式与视觉呈现也是决定其吸引力的重要因素。无论是哪种形式的内容，都须注重排版设计、色彩搭配、图片质量等。例如，对于图文类内容而言，清晰明了的段落划分、恰当醒目的小标题、高质量的配图以及合适的文字间距等都能提升用户体验，提高内容的吸引力。

案例分析　　　　　**高德地图以情动人——《中国路》**

春节到来之际，人们纷纷踏上回家的道路。2024 年 1 月 26 日，高德地图联动中国交通报社推出"2024 温暖回家路"的服务计划，并发布多个创意短片，助力每一位返乡人安全上路、安心到家。

在短片《中国路》中，短片以文案"每一条路 都通往无数个团圆 每一个团圆都值得一路守护"作为开头，契合春节的家人团圆和高德地图守护返乡人回家道路的品牌理念。短片首先将上海浦西高架桥、贵阳 321 国道、大湾区港珠澳大桥等道路拟人化，由它们用方言为返乡车主送上亲切的提醒和祝福，保障返乡车主的行驶安全。例如，"我是 321 国道，横跨四个省，道路变化多，建议驾驶摩托车回家的老乡，打开摩托车导航，提前规避问题路段。"

另外，短片还着力展现高德地图导航功能的完善，如高架出口提醒、摩托车返乡地图、实时公交指示、新能源车主急需的充电桩地图，表明高德地图致力于为不同出行方式的返乡人提供全面的安全出行保障。

接着，短片通过展现多个城市的特色公路，如广州体育东路、上海黄河路、洛阳纱厂西路、福州八一七路等，自然地引出了"我们是中国公路 回家的路 我们一路守护"这一内容主题（见图 3-5），并引出"2024 温暖回家路"服务计划，希望让用户在 301 条国道，278 条高速，103.32 万座公路桥梁，535.48 万千米公路的每一千米都放心，如图 3-6 所示，为用户提供安全方便的出行体验。

图 3-5　引出短片主题　　　　图 3-6　表明品牌期望

案例点评：高德地图的《中国路》短片抓住了用户春节团圆的情感以及出行需求，很好地引发了用户的情感共鸣，增强了用户的认同感。短片首先将道路与团圆、守护等观点巧妙结合，然后通过拟人化的语音播报，展现了高德地图对用户安全出行的深切关怀，树立了温暖的品牌形象。同时，短片展现的导航功能的完善，进一步提升了品牌的专业度，有效地推广了"2024 温暖回家路"服务计划，提高了品牌的认知度和影响力。

3.4　内容的发布与传播

除了内容本身的质量和价值，恰当的发布时间及有效的传播策略同样影响着新媒体内容的运营效果。

3.4.1　发布内容

发布内容之前，为确保内容的传播效果，运营人员还需要注意一些发布事项，如发布平台、发布数量和顺序、发布时间等。

（1）选择发布平台

运营人员要根据运营需求、平台特点及用户的使用习惯等选择合适的发布平台。运营人员应尽可能选择与内容行业相关的新媒体平台，如微信、今日头条、知乎等。另外，运营人员还应当注意新媒体平台在搜索引擎中的权重，尽量选择一些权重高且有新闻源的新媒体平台，确保内容的覆盖范围。

专家指导

在开展新媒体运营时，最好在多个平台开展综合运营。这是因为单一平台的运营效果有限，且目标用户不集中。通过多渠道、多平台联合运营，可以更全面地覆盖用户，实现运营效果的最大化。

（2）把控发布数量和顺序

内容的发布数量和顺序同样影响运营效果。一般而言，发布的内容过多，可能导致用户产生疲劳感，发布过少则可能使用户觉得信息不足。因此，运营人员要根据内容质量和用户需求合理规划发布数量。同时，内容的发布顺序也很重要，可以先发布吸引力或话题性较强的内容，吸引用户继续浏览后续内容。

（3）优化发布时间

发布时间对内容的曝光率和阅读量有显著影响。运营人员应明确各平台用户的活跃时段，在用户较为活跃的时间段发布内容，以便提高内容的曝光率和阅读量。通常情况下，工作日的早晚通勤时间、午休时间以及周末都是用户比较活跃的时间段。需要注意的是，若内容的时效性较强，如新闻或热点话题，可以选择实时发布。

专家指导

一般情况下，发布内容之前，为确保内容的准确性，通常还需要开展确认、审核等工作。除了运营人员自己审核，一般还会有专门的部门或工作小组针对内容的定位和要求修改内容，修改完成后，再由部门负责人审查文案，运营人员再按照审查要求进行修改，直到满意并确定最终内容。

3.4.2 传播内容

发布内容后并不意味着运营工作的结束，要想实现更有效的运营效果，还需要将内容传播出去，覆盖更广泛的用户群体。

1. 利用粉丝传播

传统的企业服务模式以产品或服务本身为重心，用户只能被动选择和接受产品或服务，难以与企业产生更多联系。而新媒体运营将重心转移到用户上，产品和用户之间建立起了情感联系，粉丝开始成为企业重点培养的对象。一个拥有庞大粉丝群体的品牌，往往很容易实现内容的快速传播。

利用粉丝进行传播时，通常需要先吸引并积累粉丝，运营人员可以通过精心策划和发布高质量的内容积极与用户互动，如回复用户评论、收集用户反馈等，吸引用户成为粉丝，然后引导粉丝分享、转发内容，进一步扩大内容的覆盖范围。

2. 借助活动传播

要想让内容在短时间内得到广泛传播，运营人员还可以策划一些活动，如抽奖活动、红包活动、免费营销活动等。利用活动传播内容可以为产品或品牌带来巨大的用户效应，在短时间内汇聚大量用户。图 3-7 所示为利用活动传播内容样例。

图 3-7　利用活动传播内容样例

3.5　课堂实训

实训 1　制订服装品牌的内容营销策略

服装品牌佳依将其产品定位为中高端市场产品，坚持环保、舒适与时尚并存的设计理念，主推一系列由环保面料制作而成的高品质服饰，并具备强烈的环境保护意识和社会责任感。考虑到当前社会对可持续发展的日益关注，以及用户对环保产品的喜爱，佳依决定在即将到来的"地球日"期间开展一场内容营销活动，并推出环保主题系列的服装，以树立良好的品牌形象。

1. 实训要求

（1）根据运营需求进行内容定位。

（2）制订内容营销策略。

2. 实训步骤

步骤01 ▷内容主题定位。根据运营需求和用户偏好规划内容主题，确保内容符合品牌形象和目标用户偏好。根据背景材料可知，佳依主打环保、舒适与时尚并存的设计理念，具备强烈的环境保护意识和社会责任感。结合其目标用户对环保产品的喜爱，可将内容主题定位为"绿色时尚，从身边做起"。

步骤02 ▷写作创意内容。根据运营需求和内容主题，策划一系列具有吸引力、新颖的内容。例如，创作故事化内容，以短视频的形式讲述品牌如何致力于环保，包括使用可持续材料、减少生产过程中的废弃物等。

步骤03 ▷多渠道传播。根据创作内容的特点和目标用户的使用习惯，选择合适的发布时间，同时为扩大内容的影响力，可在多个平台发布内容。例如，在"地球日"当天的午休时间段，在微博中发布"绿色时尚，从我做起"主题的图文内容，在微信公众号中发布关于可持续时尚和环保生活方式的教育性文章。

步骤04 ▷开展互动活动。同时，为提高用户的参与度，促进用户传播内容，可设计互动活动。例如，发起"绿色穿搭挑战"活动，鼓励用户晒出自己穿着品牌服装的环保造型，扩大内容的传播范围。

步骤05 ▷合作推广。为进一步提高内容的曝光度，还可进行合作推广。例如，与具有影响力的环保时尚博主、环保组织及其他具有相似理念的品牌合作，联合开展活动、发布联名产品，借助其影响力吸引潜在用户。

实训2　写作服装品牌的营销内容

为让目标用户了解此次活动及品牌产品，佳依打算发布一则营销内容。考虑到品牌已在微博中积累了较多粉丝，且信息传播速度较快，佳依决定将内容发布在微博上。

1. 实训要求

（1）运用合适的标题写作技巧写作内容的标题。

（2）结合"地球日"写作营销内容。

2. 实训步骤

步骤01 ▷写作内容标题。"地球日"本身具有较高的关注度，因此可以运用使用符号、借力借势等写作技巧进行写作，如"佳依×地球日：穿出舒适时尚，更要拥抱绿色未来！"

步骤02 ▷写作内容正文。为树立积极的品牌形象，可在正文中着重提及品牌的设计理念及产品特点；同时，可在正文中添加互动或福利性质的内容，吸引目标用户的注意，如添加转发抽奖的内容。最后，根据以上写作思路写作内容正文，为提高写作效率，可直接使用文心一言进行写作。

步骤 03 提出写作要求。在确定正文写作思路的基础上，提出其他写作要求。首先，设定角色为运营人员，明确告知内容的写作主题、字数，以及背景信息等，文案写作效果如图 3-8 所示。

步骤 04 使用 AI 工具制作海报。为提升内容的视觉效果，还可以使用 AI 工具制作一张海报。这里利用创客贴提供的 AI 工具制作。登录创客贴，在首页单击"创客贴 AI"选项卡，在打开的界面中选择"智能设计"，如图 3-9 所示。

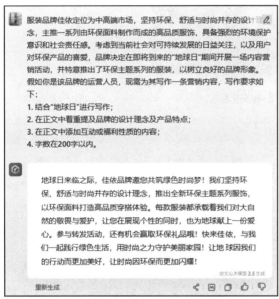

图 3-8　使用文心一言生成营销内容

图 3-9　选择"智能设计"选项

步骤 05 提出设计要求。打开 AI 设计界面，根据营销内容提出写作要求。在 AI 设计界面底部的输入框中输入设计要求，然后在输入框上方选择场景为"竖版海报"、风格为"扁平简约"、颜色为"绿"、用途为"热点节日"、行业为"通用"，如图 3-10 所示，单击 ▶ 按钮得到设计结果。

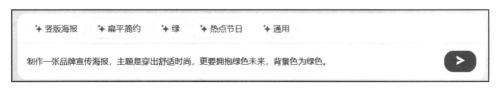

图 3-10　提出设计要求

步骤 06 选择并编辑海报。在设计结果中选中第 3 张海报，单击 高级编辑 按钮编辑海报，如图 3-11 所示。

图 3-11　选择并编辑海报

步骤 07 ◯ 修改文字。打开海报编辑页面，修改海报中的文字。双击"2024"文本框，选中文字，将文字修改为"世界地球日"，拖曳文本框让文字都显示在同一行，然后移动文本框至中间位置，调整字号为"54"，如图 3-12 所示。

步骤 08 ◯ 修改其他文字。使用相同的方法将文字"4 月 26 日"修改为"4 月 22 日"，调整字号为"28"，向上拖曳文本框至合适位置；将文字"创新引领绿色未来"修改为"绿色时尚 从身边做起"；将文字"世界知识产权日"修改为"点击参与"，选中文字，单击"间距"按钮 |A|，设置字间距为"350"，如图 3-13 所示。将长段英文文字修改为"穿出舒适时尚 拥抱绿色未来"。

图 3-12　修改文字

图 3-13　调整背景图大小

步骤09 ◑输入文字。将鼠标指针移至图片"LOGO"上并单击，按【Delete】键删除。复制"世界地球日"文本框，将文字修改为"佳依"，调整字号为"24"，移动文本框至中间位置。根据海报效果，调整其他元素的位置，效果如图 3-14 所示。

图 3-14　海报设计效果

步骤10 ◑保存海报。单击页面右上角的 下载 按钮，打开"下载作品"面板，保持默认设置，单击 下载 按钮下载海报（配套资源 :\ 效果 \ 第 3 章 \ 海报设计效果 .png）。

3.6　课后练习

1. 在网上搜索并查看高德地图发布的《中国路》短片，分析其运营效果及其运营取得成功的原因。

2. 请结合标题的写作技巧，修改以下标题。

（1）孩子越早学英语越好。

（2）8u 手机采用优质感光元件，夜拍能力超强。

（3）好的创意，抵过千万句宣传语。

（4）过夜的鸡蛋不能吃。

（5）这部电影豆瓣评分 9.2，非常值得一看。

3. 如果你是某牛奶品牌的运营人员，临近春节，企业为推广龙年主题包装产品，安排你结合春节创作一条营销内容。请搜索其他品牌关于春节的营销案例，并整理相关素材。

第4章
新媒体活动运营

活动运营就是通过组织活动达成运营目标。无论是用户运营还是内容运营，结合活动往往都能够达到事半功倍的效果。活动运营包括活动策划、活动执行和活动总结。

学习目标

- 掌握活动策划的技巧。
- 掌握评估活动效果的方法。
- 掌握活动复盘的方法。

素养目标

- 提高沟通能力，培养团队协作能力。
- 提高随机应变能力，善于应对活动风险。

4.1 活动策划

活动策划是活动运营的首要环节，专注于活动的精心构思与详尽规划，包括确定活动目的、明确活动主题、构思活动策划方案等环节，以确保活动的顺利开展，并取得预期效果。

4.1.1 确定活动目的

活动目的是指企业在本计划期内要达到的目标，是活动的出发点和落脚点，对拟定活动策略和方案具有指导作用。活动策划必须紧密围绕企业的目标，如提高新品曝光度、提高产品销量、提高品牌的美誉度等。

一般来说，企业开展活动的最终目的主要有两个，一是营利，二是宣传推广。以营利为目的的活动，重点是销售产品。企业通过开发、改进产品，同时结合其他营销手段来促进产品的销售，最终目的是获得更多的利润。企业在开展营利性活动时，以促销活动为主，为了让利益最大化，一般会选择节假日等时间段，如元旦、国庆节等。图 4-1 所示为某品牌开展的促销活动。

　　以宣传推广为目的的活动，策划的重点是品牌。企业通过营销活动来提高品牌形象和知名度，注重的是品牌形象的塑造与用户忠诚度的提高。图 4-2 所示为某品牌开展的宣传推广活动。

图 4-1　促销活动

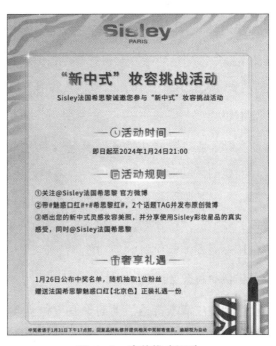

图 4-2　宣传推广活动

　　产品有萌芽期、起步期、发展期和成熟期 4 个发展阶段，如图 4-3 所示，不同阶段存在不同的运营活动需要。运营人员可根据产品发展的不同阶段来确定活动目标。一般而言，在产品萌芽期和起步期，建议运营人员开展以营利为目的的活动，以累积一定的业绩基础。当产品进入发展期后，运营人员可以尝试开展宣传推广活动，合理引导前期的有效流量，为品牌形象的树立奠定基础。到了成熟期，运营人员可进一步加大对品牌的宣传力度，以形成良好的品牌口碑。

图 4-3　产品的 4 个发展阶段

4.1.2 明确活动主题

活动主题贯穿活动的始终，指导着活动方向。运营人员确定合适的活动主题，可以更好地规划活动内容，选择合适的活动形式并吸引用户的参与，确保活动既有条理性和连贯性，同时具有吸引力。在确定活动主题时，需要注意以下事项。

1. 易于理解

活动主题应该简洁明了、易于理解，以便用户能够迅速了解活动的主要内容和目的。同时，这样有助于降低用户的认知门槛，激发用户的参与欲望，并有利于活动信息的有效传递。

2. 富有趣味

活动主题还应富有趣味性，以引起用户的兴趣，并对活动留下深刻的印象。可以结合新颖或有创意的活动形式、活动内容等来拟定主题，提升活动的吸引力，增强用户的参与意愿。例如，某品牌为推广新品手机，发起了"手机探秘之旅"主题活动。该活动在线下门店设置了多个实体探秘站点，每个站点均围绕手机的新功能设计有趣的互动游戏和任务，让用户在其中深入体验手机的新功能。

3. 给出活动利益点

活动主题还应清晰传达活动的价值与利益点，即参加活动后，参与者可以获得哪些实质性的收益或满足哪些精神需求，如知识技能的提升、人际关系的拓展、个人价值的实现等。例如，淘宝服饰在 2024 年 2 月 19 日正式官宣"春装免单"活动，并同时发起＃淘宝开工免单＃微博话题活动。活动主题直接表明活动的核心信息为免单，成功激发了用户的参与热情。

4. 注入情感

如果活动主题蕴含的情感能够和用户的情感需求产生共鸣，那么活动的效果就会更显著。因此运营人员在确定活动主题时，可以直接在主题中注入情感，或深化用户的情感体验。例如，珀莱雅在杭州"留下站"地铁站举办了"谢谢记得"用户故事展。该活动主题用"谢谢"一词体现品牌对用户的关怀和感激。活动鼓励用户分享过去一年那些"谢谢记得"的时刻，让品牌的关怀之情得以传递，如图 4-4 所示。用户留下故事后，还能获得品牌精心准备的答谢小礼（见图 4-5），这一举措更彰显了品牌对用户的尊重。

课堂活动

（1）在网上搜集 3 个近期的新媒体活动，根据其活动内容分析活动目的。

（2）分析 3 个新媒体活动案例中活动主题的特点。

图 4-4　用户故事　　　　　图 4-5　答谢小礼

4.1.3　构思活动策划方案

活动策划方案是指专为策划某一次活动而写作的书面计划，是活动的大体框架，能够对后续活动的运营提供指导。一般来说，可根据图 4-6 所示的几个方面构思活动策划方案。

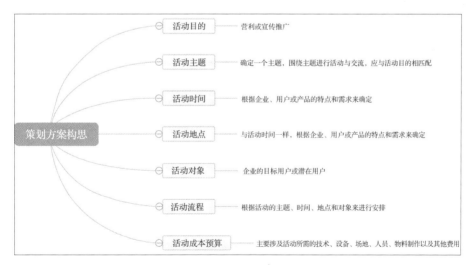

图 4-6　构思活动策划方案

根据图 4-6 可知，活动策划的内容主要有活动目的、活动主题、活动时间、活动地点、活动对象、活动流程、活动成本预算。根据策划需要，活动策划方案中还可以加入活动方案名称、活动背景、活动意义、资源需求、活动开展、活动负责人及主要参与者内容。

- **活动方案名称**。活动方案名称应简洁明了、富有创意，能够准确反映活动的核心内容和特点，如"2024 年 2 月 25 日品牌推广晚会活动方案"等。
- **活动背景**。阐述为何举办该活动，具体内容有基本情况简介、主要执行对象、近期状况、组织部门、活动开展原因、社会影响及相关目的动机等。另外，内容中还可以说明环境的内在优势、劣势、机会及威胁等，为活动提供必要性说明。

- **活动意义**。阐述举办活动的长远影响和价值所在。
- **资源需求**。列举举办活动所需的各种内外部资源，如人力、物力、财力和技术等，可以按已有资源和需要资源分别列出。
- **活动开展**。策划方案的活动开展部分主要描述活动内容的实施方法，包括具体的活动形式、活动规则、参与方式等。在此部分表述中，不仅限于使用文字，也可适当加入图表等突出说明。此外，对人员的组织配置、相应权责及活动应急预案也应加以说明。
- **活动负责人及主要参与者**。注明组织者、参与者、嘉宾、单位（如果是小组策划，应注明小组名称、负责人）。

 专家指导

需要注意的是，如果活动规模较小，如简单的线上活动（转发抽奖活动）等，在方案中可以省略上述部分内容。

4.1.4 活动策划的技巧

活动策划是一项综合性的工作，涉及多个方面，包括主题设定、目标确定、预算规划、内容设计、宣传推广等。要策划一项成功的活动，运营人员需要灵活运用一些策划技巧。

1. 给予用户利益

在活动中给予用户利益可以提高用户的参与意愿。这可以是物质奖励，如优惠券、礼品或抽奖机会，也可以是非物质性的利益，如专业知识的学习或专业技能的提升。在策划活动时，运营人员可以在相应的活动环节安排合适的福利内容，直接给予用户利益。例如，2024 年康师傅联合菜鸟推出"龙塑新生"可持续共创计划，并在线上推出"空瓶造万物减碳一起来"助力活动。用户完成相应的任务便可以获得绿色能量，以及天猫康师傅旗舰店或天猫康师傅饮品旗舰店的随机优惠券，这个活动有效吸引了用户积极参与。

2. 借助情感

在策划活动时，借助情感元素来引发用户产生情感共鸣也十分重要。这可以通过设定贴近人心的主题，设计情感互动环节或者营造特定的情感氛围来实现。例如，2024 年春节期间，小红书联合 8 大品牌共同打造了一场温馨的线下活动——"送你一杯春节慢乐"。该活动巧妙地将现代年轻人的忙碌生活与"慢生活"理念相结合,利用奶茶这一暖心的媒介,向年轻人传达回家享受团聚时光、放慢脚步品味生活美好的真挚祝愿,如图 4-7 所示。活动不仅可以体现品牌对用户生活的关心,更能深化用户与品牌之间的情感联系。

图 4-7　借助情感

3. 借助节日

节日是人们日常生活中重要的时间节点,通常伴随着特定的习俗和庆祝活动。利用节日开展活动策划,可以借助节日的氛围和人们的节日消费习惯,激发用户的参与热情。此外,节日期间用户的活跃度通常较高,参与和分享的意愿一般较为强烈,能够有效地扩大活动的影响力和覆盖面。例如,2024 年 1 月 25 日,抖音生活服务开启"抖音新春吃喝玩乐节"活动。该活动借势春节设置了 14 个品类日,全面覆盖聚餐、变美、迎新、嗨玩等核心消费场景,精准匹配了用户春节期间的消费需求,如图 4-8 所示。

图 4-8　抖音借助节日开展活动

要想借助节日开展活动,运营人员需要找到节日与产品或品牌之间的契合点并进行合理关联。要实现这一目的,可以按照以下 3 个步骤操作。

(1)分析节日

在确定需要借势的节日后,运营人员首先应深入了解节日的起源、传统习俗、节日内涵和节日元素等，以便把握节日的核心价值观和情感氛围，为后续的产品或品牌关联打下基础。例如，中秋节代表团圆，传统习俗包括吃月饼、赏月等。

（2）分析产品或品牌特点

在了解节日的基础上，运营人员还需要仔细分析产品或品牌的特点，找出与节日相关的关联点。在分析时运营人员可以从产品的功能特点、设计风格，以及品牌的核心价值观、市场定位和目标用户等方面进行。例如，鲜花和巧克力通常都具有浪漫、温馨的含义，与七夕节所表达的爱情主题较为契合，因此，对于鲜花和巧克力可以利用七夕节开展营销。

（3）合理关联产品或品牌

最后，根据找到的关联点，将产品或品牌和节日合理关联起来，具体可以通过设计节日活动、推出节日系列产品等方式与节日进行关联。例如，中秋节期间，某食品品牌策划了"中秋团圆饭"食谱大赛，鼓励用户使用品牌产品制作中秋家宴，并分享团圆故事，在弘扬中国优秀传统文化的同时，推广了品牌及产品。

 专家指导

除了传统节日，还可以借用具有文化、社会或商业意义的节日开展活动策划，如在"地球日"策划绿色环保主题活动，提升品牌形象。

4．跨界合作

跨界是指从某一属性的事物进入另一属性的事物的运作，在活动策划中，则是指不同行业、领域的品牌之间相互合作，策划活动。这种合作形式可以有效扩大活动的影响力，提升用户参与度。例如，奶茶品牌沪上阿姨宣布与某热播电视剧联名后，推出了主题店打卡活动，借助该电视剧的影响力吸引了众多剧迷参与活动。

5．关注用户体验

用户体验直接影响用户对活动的感受、评价以及传播活动的意愿。在策划活动之前，运营人员可以通过问卷调查或直接与潜在用户沟通，了解用户的兴趣爱好、行为习惯和期待等，确保活动提供的价值和服务贴合用户需求。运营人员可以通过设计简单易懂的参与流程、丰富有趣的互动环节等来提升用户体验。例如，在 2024 年的世界睡眠日，京东家电家居生活在海南打造了一场"海上睡眠"活动，结合平台的睡眠产品在海边搭建全方位的睡眠场景，并邀请有睡眠障碍的用户参与体验，很好地展现了品牌对用户身心健康的关注和呵护。

6. 创意内容设计

创新是活动策划的灵魂，可以体现活动的独特性，从而有效地吸引用户。运营人员可以结合时下热点、流行趋势，以及自身品牌特性，构思独特的活动主题和形式。例如，2024 年 1 月，支付宝开启集五福活动。为提高活动的新颖性和创意性，支付宝在活动中融入了飙戏小剧场、时空照相馆、会说话红包等多种玩法。

课堂活动

某品牌新推出了一款恒温杯，可以让温度始终保持在 50℃。临近"三八"国际妇女节，请为该恒温杯策划一个活动。

案例分析　　　　天猫年货节活动

天猫年货节是天猫年度大型营销活动之一，时间一般设置在春节前。2024 年，在龙年即将来临时，天猫年货节围绕"好运一条龙"主题，开展了一系列线上线下活动，以集好运、抽红包、哈快乐等创意玩法吸引了无数用户参与到活动中。

活动设计精巧，互动体验较好。线上，天猫在官方微博发起＃开年龘有牌面＃话题，号召大家一起参与天猫龙年集卡活动，用户参与活动就有机会获得周边产品。同时，在年货节期间，用户集齐 9 张"龙运牌"，合成后就可预约瓜分 10 万元红包，并同步进行天猫品牌周边产品及品牌商家好礼加码抽奖。不仅如此，天猫还在微博发起了抽奖活动，转评微博内容的用户有机会获得 888 元现金红包。

除此之外，为有效扩大活动的覆盖范围，让更多用户参与到活动中，天猫还特别在北京、上海、杭州、长沙、成都、西安等城市线下展出相关宣传海报。发布的宣传海报中融入了具有当地民俗特色的文化元素，为各地人民送上了专属的新年祝福。

1 月 20 日至 1 月 24 日，天猫还在杭州围绕"快乐"主题特别打造了两处沉浸式的线下体验场景。一方面，天猫在杭州湖滨银泰打造"快乐提取处"互动装置，路人对着装置"哈哈哈哈哈"就有机会赢得红包；另一方面，天猫聚焦出行场景，在杭州萧山机场的行李传送带上印上"哈哈哈哈哈"文字，用户打开淘宝，扫描机场传送带上任意的"哈"字，就有机会获得 888 元现金红包，送出新年祝福。

案例点评：天猫以"好运一条龙"为主题，通过线上线下的整合营销，成功打造了一个集趣味性、互动性、参与性于一体的年货节营销活动。线上通过微博话题、社交互动和抽奖机制，有效提升了用户的参与度，也巧妙地推广了天猫年货节和龙年主题，有效地传播了品牌形象。线下则通过在多个城市展出融入地域文化元素的海报，打造沉浸式线下体验场景，扩大了活动的社会影响力和覆盖范围。

4.2 活动执行

活动执行即根据活动策划内容实际开展活动，是活动策划的落脚点，直接体现活动效果。

4.2.1 做好活动宣传

活动的宣传方式多种多样。运营人员需要结合宣传目的，在综合考虑活动实际情况、运营需要的基础上，按照一定的流程进行活动宣传。

1. 制订宣传计划

在确定活动目的基础上，运营人员需要制订详细的活动宣传计划，包括活动预热、活动开始、活动高潮、活动结束等阶段的时间安排、宣传内容和宣传方式等，以确保在将活动信息准确、有效地传递给用户的基础上，持续吸引用户的关注。同时，在不同宣传阶段，运营人员还需要设定不同的宣传侧重点，如在活动预热期预告活动的核心信息，以引起用户关注；在活动开始后重点宣传活动福利，以提高用户的参与和传播意愿；在活动结束后展示活动成果并表达感谢，等等。

2. 创作宣传内容

通过设计引人注目的活动海报，撰写吸引眼球的活动文案，拍摄创意十足的活动预告短视频，制作互动性强的 H5 活动页面等，运营人员可以快速吸引用户的注意，并提高用户的参与和传播意愿。

3. 选择合适的宣传渠道

在选择宣传渠道时，运营人员需要根据活动、目标用户的特点和预算等，综合考虑，必要时可综合使用多种宣传渠道提升宣传效果和活动效果。常见的宣传渠道有社交媒体、论坛、专业网站、户外广告等。需要注意的是，不同表现形式的内容所适用的宣传渠道不同，如短视频适合发布在抖音、快手等短视频平台，图文内容适合发布在微博、小红书等社交平台。

另外，活动宣传的持续时间不宜过长，否则会降低用户的参与兴趣，一般来说不要超过 15 天。活动时间较短，可以带给用户一定的紧迫感，提高参与积极性。

4.2.2　把控活动流程

把控活动流程即把控活动时间、人员、物资等，以便明确每个环节的时间节点和具体任务，确保活动的顺利开展。

一般而言，运营人员可以制订详细的活动流程表来把控活动流程。对于活动执行过程中需要完成的事项，运营人员可以提前设计"活动执行推进表"，以保证活动事项得以按照既定的方案精确执行。图 4-9 所示为某企业的活动执行推进表。

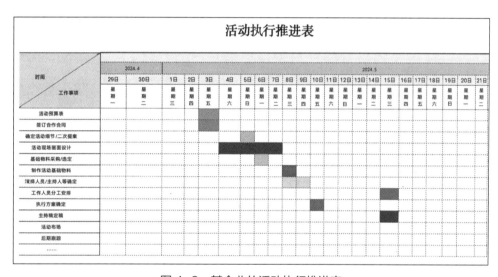

图 4-9　某企业的活动执行推进表

对于活动所需的线上物料（如文案、海报、视频）或线下物料（如宣传单、条幅），运营人员可以梳理出一个活动物料清单表，在执行时根据表格跟进物料的完成情况。活动物料清单表应当每日更新，对即将超期的物料必须提前催促，防止物料延误。图 4-10 所示为某企业的活动物料清单表。

活动物料清单				
活动时间：11月5日				
活动地点：				
序号	内容	数量	单位	备注
1	促销桌	4	张	
2	拉网展架	4	个	
3	背景布	4	块	
4	空罐	30	个	
5	门型展架	1	1	
6	折叠桌	4	张	
7	小凳子大+小	50	张	
8	风车、奶牛kt板	2	块	
9	地垫	1	批	
10	赛道	1	张	
11	帐篷	1	个	

图 4-10　某企业的活动物料清单表

此外，要确保活动流程的顺利推进，沟通至关重要。运营人员不仅要与活动相关人员保持密切联系，清晰传达活动的各个环节内容、时间节点及执行要求，还要注重倾听活动人员的反馈与建议，以便及时调整策略，规避潜在问题，确保活动按照预先设定的计划顺利开展。

4.2.3　控制活动节奏

控制活动节奏主要围绕控制氛围节奏和控制时间节奏展开，以营造舒适的活动参与氛围，保持活动的平稳节奏，确保活动的顺利进行。

1. 控制氛围节奏

控制氛围节奏在促销活动中较为常见，原理是通过营造一种紧迫感来激发用户的参与欲望。例如，在活动初期规定购买条件，当用户产生紧迫心理后再放宽条件，这种氛围节奏会促使用户产生购买行为，提升产品销量。

2. 控制时间节奏

活动一般都会经历预热、开始、高潮、结束 4 个阶段，其中开始、高潮、结束 3 个阶段对用户的影响较大。运营人员应合理控制时间节奏，在合适的时间开始、推进及结束活动，以最大限度地促使用户产生购买行为。

📖 素养课堂

要确保活动的顺利实施，运营人员不仅要具备良好的策划能力，还要具备团队合作和组织协调能力，既能够与团队成员密切配合，还能够合理安排活动的各个环节和资源，确保活动达到预期效果。

4.3　活动总结

活动策划和活动执行后，运营人员还需要进行活动总结，以了解活动开展效果，总结活动经验。

4.3.1　评估活动效果

通过评估活动效果，运营人员可以了解活动的实际成效，如参与人数、用户反馈、销售情况等，从而判断活动成功与否，为后续活动提供优化依据。运营人员应当在活动结束后全面地评价活动效果，主要事项如下。

1．确定评价指标

根据活动效果的评价对象和评价内容确定影响活动效果的因素，定义相应的评价指标，如经济指标（销售收入、销售费用）、综合效果评价指标（品牌价值提高、客户满意度）等。

2．确定评价指标的重要程度

不同的评价指标类别，其重要性和评价效果不同。运营人员应按照重要程度来构建评价指标体系。运营人员可基于活动目的，利用专家评判及对比分析等方法，从数量上确定各指标的重要程度。例如，某活动目的是提高新品知名度，其评价指标的重要程度从高到低排序应该是品牌价值、产品销量、产品浏览量。

3．确定各指标的量化评价标准

根据指标的含义和评价内容制订评判该指标优劣的标准。例如，针对以产品促销为目的的活动，若单日产品销量小于 5000 件则为不合格；单日产品销量在 5000 ～ 10000 件为合格；单日产品销量大于 10000 件为优秀。然后结合百分制量化指标，如确定产品销量在指标评价体系中的比重，再分别为不合格、合格、优秀等级设置相应的评价分数，两者相乘即可得到该评价指标的最终得分。

4．收集评价所需信息资料

评价所需的信息资料可以通过 3 个途径获取，一是通过企业各部门（财务、管理、销售等部门）获取统计信息和数据；二是通过评价实施者咨询、访问、经验推断而得到数据；三是通过专项调研、专家评判、网络调查等获取数据。不管是从哪种途径获得的数据，运营人员都要在确保数据的正确性和合理性后才可使用，否则评价将没有意义。

5．对活动进行综合评价

根据收集到的评价信息资料，运营人员对各项指标进行评分，再根据评价指标的重要程度对整个活动进行综合评价。

4.3.2　活动复盘

活动复盘是指反思和总结刚完成的活动，从回顾最初目标（即活动目的）开始，深挖执行过程中的各个环节，找出导致目标未完成的原因和活动亮点，并总结经验。活动复盘的步骤主要包括以下 4 步。

1．回顾活动目标

活动从前期准备到策划、执行的过程是一个完整的流程，因此运营人员在对活动进行复盘时，首先需要回顾整个活动流程，分析整个活动流程中是否存在对接上的失误、细节上的遗漏等问题。回顾整个活动流程，最重要的是回顾活动目标，因为一项活动的工作大多是围绕活动目标开展的，将活动目标和后期活动结果进行对比，才能了解活动效果。

2. 对比活动结果

活动结果的对比来自对数据的准确对比。一般来说，新媒体活动的目标可能不止一种，如通过活动涨粉，或通过活动增加产品销量等。因此，在对比活动结果时，应当将活动目标涉及的数据全部进行统计。例如，某企业策划的微信抽奖活动的活动目标是"参与人数超过 5000 人，涨粉数量超过 2000 人，转发量超过 2000 次"，活动结果是"参与人数6000 人，涨粉数量 1898 人，转发量 2956 次"，通过对比相关数据就可以知道，此次活动的参与人数达成目标、涨粉数量未达成目标、转发量达成目标。

3. 深入分析原因

深入分析原因即根据现有目标和结果的差异，提出假设，并分析原因，如是否高估了某个渠道的转化率，是否选择的活动时间不佳、宣传文案质量不高等。

4. 导出经验总结

最后，根据以上分析，总结活动的成功经验和教训，并提出针对性的改进措施和优化建议，为未来的活动策划提供参考和指导，以持续提升活动效果。就上述第 2 点举例而言，活动的参与人数和转发量都超出目标数量，但是涨粉数量低于目标数量，在分析数据后就可以得出一个经验：后续类似的活动可以在微信后台设置"仅关注才可参与"的权限，从而增加涨粉数量。

> **课堂讨论**
> 某企业一场活动的开展非常成功，原计划销售 10000 件产品，结果销售了 20000 件产品，这场活动有必要复盘吗？为什么？

4.4 课堂实训

实训 1 为奶茶品牌策划跨界活动

随着奶茶行业的快速发展，用户对茶饮的需求不再局限于追求口味，而是追求新颖、独特且具有话题性的消费体验。某奶茶品牌为塑造更加年轻、时尚、有趣的品牌形象，吸引更多年轻用户的关注，决定与某杯具品牌开展跨界营销活动，合作推出联名款奶茶杯。

1．实训要求

明确活动目的、活动主题、活动内容、活动时间、活动预算等，并撰写活动策划方案。

2．实训步骤

步骤 01 ◆明确活动目的。根据背景信息可知，此次活动的目的是帮助品牌树立年轻、时尚、有趣的品牌形象，并促进联名款奶茶杯的销售。

步骤 02 ◆明确活动主题。结合活动目的和品牌形象，确定具有吸引力和话题性的活动主题。例如，展现茶饮与杯具结合所带来的时尚新潮体验。

步骤 03 ◆明确活动内容。为提高活动的吸引力，需要设计有创意的活动内容。根据树立品牌形象和促进销售的需要，可以设计多个活动内容。例如，推出联名款奶茶杯和茶饮系列；设计线下体验活动，让用户可以亲自体验奶茶制作，并挑选杯具进行搭配；在微博发起话题挑战活动，鼓励用户分享茶饮体验。为提高活动的吸引力，还可以开展优惠活动，明确告知用户参加活动所能获得的利益。

步骤 04 ◆明确活动时间。需根据实际情况来确定活动时间，若想扩大活动的影响力，可以借势热点、节日或购物节开展活动。一般来说，活动正式开始前须提前宣传，并给用户制造紧迫感，活动的持续时间不要超过半个月，以促使用户积极参与活动。

步骤 05 ◆确定宣传渠道和方式。根据平台特点和品牌运营情况，选择合适的宣传渠道和方式。例如，在抖音发布宣传短视频，在微博发布图文预告。必要时，可选择多个宣传平台进行宣传，以扩大活动的覆盖范围。

步骤 06 ◆明确活动预算。根据活动流程，统计所需的人力、物力及宣传费用等，并预估开展此次活动可能需要的经费。

步骤 07 ◆把控活动风险。预测活动可能会遇到的风险，如技术、人员、环境等风险，并做好相应的应对措施。例如，针对产品库存不足的问题提前备好库存。

步骤 08 ◆撰写奶茶品牌跨界活动策划方案。明确所有事项后，撰写策划方案，部分内容如图 4-11 所示（配套资源:\效果\第 4 章\奶茶品牌跨界活动策划方案 .docx）。

奶茶品牌跨界活动策划方案

一、活动背景与目的
　　随着奶茶行业的蓬勃发展，用户对茶饮的期待已不仅限于口感体验，他们追求的是新颖、独特、具有社交属性的消费体验。为了塑造奶茶品牌年轻、时尚、有趣的形象，并吸引更多年轻用户，我们决定与一家知名杯具品牌开展跨界营销活动。此次合作将结合双方的品牌特色，为用户带来全新的茶饮体验。

二、活动主题
　　"时尚茶饮，杯起新潮"跨界营销活动 ——通过这一主题，展现茶饮与杯具品牌结合所带来的时尚新潮体验。

三、活动对象
　　主要针对18~35岁的年轻用户，特别是注重生活品质、追求时尚潮流的年轻用户群体。

四、活动时间
　　预计活动时间为××年××月××日至××年××月××日，为期10天。

五、活动地点
　　活动将在奶茶品牌的全国各大门店以及合作杯具品牌的指定门店同步进行。

六、活动流程
　　联合产品发布：在活动期间，推出联名奶茶杯和茶饮系列。
　　互动体验区：在门店设置互动体验区，用户可以亲自体验制作奶茶，并选择喜欢的杯具进行搭配。
　　社交媒体挑战：发起#时尚茶饮杯起新潮#的微博话题挑战，鼓励用户上传自己与联名产品的合影，并分享自己的茶饮体验。
　　限时优惠：活动期间，购买联名产品的用户将享受特别优惠。

七、活动宣传
　　通过社交媒体和线下门店进行宣传。

图 4-11　活动策划方案部分内容

实训2　为奶茶品牌制订跨界活动的宣传方案

为进一步提升品牌知名度和市场占有率，某奶茶品牌计划在"6·18"电商活动期间巧妙地结合自身品牌特色与"6·18"电商活动的消费热潮，开展跨界活动。为确保活动信息能够清晰、准确地传达给用户，该奶茶品牌打算制订此次跨界活动的宣传方案。

1. 实训要求

（1）结合品牌特色和"6·18"电商活动确定宣传主题。

（2）选择合适的宣传方式和渠道。

2. 实训步骤

步骤01 ▷确定宣传主题。根据品牌特色，设计具有创意且与"6·18"电商活动紧密相关的活动主题，如"奶香碰撞6·18，茶杯加持年轻活力"，将联名款奶茶杯作为宣传重点。

步骤02 ▷确定宣传内容。为体现活动的新颖性，可从跨界合作和产品卖点两个角度进行宣传。例如，讲述品牌合作的契机、品牌间的合作故事，或联名产品的设计理念、制作工艺等。

步骤03 ▷确定宣传渠道和方式。为提升宣传效果，可选择多个宣传渠道。例如，在微博、抖音和小红书等社交媒体平台上发布预告图文、视频等内容，或通过电商平台首页广告、推荐位等将活动信息推送给用户，吸引并留住用户。若想进一步扩大宣传效果，品牌还可以共同发布合作声明，并互相转发活动信息，利用双方的粉丝基础进一步扩大活动的影响范围。

步骤04 ▷规划宣传时间。规划详细的宣传时间线，包括何时开始预热、何时发布正式活动信息、何时进行高潮宣传等，确保宣传节奏紧凑、有序。例如，活动正式开始前一周，在微博发布图文预告和倒计时；活动开始前3天，在微博发布活动详情图文内容，在抖音发布联名产品展示短视频，提高用户的期待值；活动当天，在微博发布话题讨论活动，鼓励用户晒单。宣传方案部分内容如图4-12所示（配套资源\效果\第4章\奶茶品牌跨界活动宣传方案.docx）。

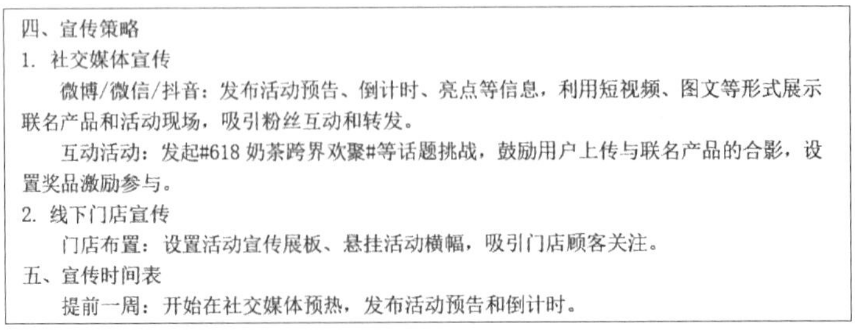

四、宣传策略
1. 社交媒体宣传
　　微博/微信/抖音：发布活动预告、倒计时、亮点等信息，利用短视频、图文等形式展示联名产品和活动现场，吸引粉丝互动和转发。
　　互动活动：发起#618奶茶跨界欢聚#等话题挑战，鼓励用户上传与联名产品的合影，设置奖品激励参与。
2. 线下门店宣传
　　门店布置：设置活动宣传展板、悬挂活动横幅，吸引门店顾客关注。
五、宣传时间表
　　提前一周：开始在社交媒体预热，发布活动预告和倒计时。

图4-12　宣传方案部分内容

4.5　课后练习

　　某品牌以生产和销售女装为主，以"优雅、自信、独立"为核心理念，致力于为用户提供高品质、时尚优雅的女装。品牌注重设计创新和品质把控，紧跟时尚潮流，以精致的剪裁、优质的面料和舒适的穿着体验赢得了广大用户的喜爱。临近春节，该品牌计划开展新媒体活动，推广其"新春丽人"系列女装。

　　1．借势春节为其构思活动策划方案。

　　2．根据构思出的活动策划方案，制订活动工作安排表和活动具体流程表。

　　3．根据活动策划方案制订活动宣传方案。

第 5 章
微信运营与推广

随着微信功能的不断完善，微信逐渐成为一个集社交、支付、小程序等多种功能于一体的生态系统，为企业开展运营提供了极大的便利。微信的运营与推广可以分为微信个人号运营与推广和微信公众号运营与推广两个部分，两者运营与推广的方法各不相同。

学习目标

- 掌握微信个人号的运营与推广方法。
- 掌握微信公众号的运营与推广方法。

素养目标

- 树立终身学习意识，不断完善运营知识、提高运营能力。
- 培养创新意识，提高文章原创能力。

5.1 微信个人号运营与推广

微信个人号是微信运营与推广的重要渠道之一。其操作简单、门槛低、沟通效率高，具有明显的运营优势。

5.1.1 打造微信朋友圈

朋友圈是微信的基础功能，主要用于分享个人日常生活、见闻和感悟等。微信个人号运营与推广的主要工作之一就是发布朋友圈文案，具有用户定位精准、互动性强等优势。

1. 写作朋友圈文案

要想取得较好的运营与推广效果，朋友圈文案必须具有一定的价值和吸引力。掌握朋友圈文案的写作要点，就可以写出更具吸引力、感染力和影响力的朋友圈文案。

（1）文案简洁明了

为便于用户理解，以及快速了解文案的重点信息，朋友圈文案应该简洁明了，这样可以确保用户获得良好的阅读体验，提高信息的传递效率。另外，文案还可以多使用日常化、口语化的词汇，以便拉近与用户的距离，减少用户的抵触心理。

（2）突出价值

在文案中突出价值不仅可以引起用户的关注，还可以增强用户的传播意愿。一般来说，文案的价值性体现在能够提供有用的信息、解决问题或引发情感共鸣，如行业动态、专业知识、生活感悟等内容。

（3）注重图文搭配

图文搭配是提升内容表现力和吸引力的重要手段。相比于文字，图片更为直观、清晰，能够有效提升文案的视觉效果。例如，在推广产品时，可以使用高清的产品实物图、细节展示图或者应用场景图，让用户直观感受产品的外观、质感和功能等。此外，借助图片可以对文案信息作补充说明，加深用户对文案内容的理解。

（4）引导互动

在文案中加入互动元素，如提问、投票、抽奖等，可以提高用户的参与度和互动感，提升文案的传播效果。同时，运营人员也可以通过回复用户评论，了解用户的需求和反馈，进一步优化文案内容或运营策略等。图 5-1 所示为某品牌开展的转发集赞互动活动。

2. 发布朋友圈文案

朋友圈文案写好后，便可以发布到朋友圈。具体操作方法为：打开微信主界面，点击"发现"选项，打开"发现"界面，点击"朋友圈"选项。在打开的界面中点击右上角的 ⬛ 按钮，在打开的界面中点击"从相册选择"选项。在打开的界面中选择提前准备好的图片，点击 完成(2) 按钮。打开编辑界面，输入文案内容，点击 发表 按钮发布，发布后的朋友圈文案效果如图 5-2 所示。

图 5-1　转发集赞互动活动

图 5-2　发布后的朋友圈文案效果

5.1.2　微信朋友圈运营技巧

微信朋友圈是开展品牌推广、产品营销等活动的重要平台。掌握并灵活运用微信朋友圈的运营技巧，可以有效地扩大文案的传播范围。

1. 塑造个人形象

在微信朋友圈中，个人形象是吸引用户关注和产生信任的重要因素之一。要想塑造独特的个人形象，可以通过设置个性化的头像、昵称和个性签名等信息，展示自身特点、风格和价值主张等，吸引用户产生了解和关注的兴趣。同时，还要持续进行统一的内容输出，如定期分享生活点滴、行业见解或专业知识等内容，塑造真实、立体且有影响力的个人形象，增强用户的信任感。

2. 输出原创内容

原创内容可以带给用户新鲜感，持续吸引用户的关注。要输出高质量的原创内容，运营人员需要不断学习和积累相关领域的知识，并将其转化为可读性强、有价值的文案。此外，运营人员要尽量避免直接展示营销信息，可以将营销信息融入日常分享中，以免引起用户的反感。

3. 善于结合热点

将热点巧妙地融入朋友圈文案，可以极大地提升内容的关注度和传播力。在选择热点时，运营人员首先要考虑热点的时效性，且要与自身定位相符，符合个人形象和自身的价值主张。另外，要注重挖掘热点与需传达信息的关联点，并用新颖、有趣且不牵强的方式呈现出来，以便借助热点扩大文案的影响力。

4. 把控发布时间和频率

朋友圈文案的发布时间和频率直接影响文案的曝光度和互动率。一般来说，应在用户较为活跃的时间段发布朋友圈文案，如早晨上班前、午休时间及晚上下班后。同时，运营人员要注意控制发布频率，既要保持一定的活跃度，又要避免发布过于频繁而导致刷屏，影响用户体验。

5.1.3　开展社群运营

若微信个人号已具有一定的影响力，运营人员还可以通过社群开展运营。社群是指拥有同种需求和爱好的用户，聚集在一起形成的社交群体。开展社群运营，可以扩大微信个人号的影响范围，强化用户关系。

微课视频

创建社群

1. 创建社群

微信群一般通过手机通讯录创建，创建过程中需要设置群名称、群管理员等。例如，为水果店铺"果味轩"创建粉丝福利群，并将运营人员李××设置为群管理员，具体操作步骤如下。

步骤01 ⬥开始建群。在微信主界面点击⊕按钮，点击"发起群聊"选项，如图5-3所示。打开"发起群聊"界面，在其中选择想要添加的用户，然后点击右下角的 完成(6) 按钮。

步骤02 ⬥设置群名称。打开群聊界面，点击右上角的 ··· 按钮，打开"聊天信息"界面。点击"群聊名称"选项，如图5-4所示。打开"修改群聊名称"界面，输入群聊名称，然后点击 完成 按钮，如图5-5所示，完成群名称的设置。

图5-3　点击"发起群聊"选项　　图5-4　点击"群聊名称"选项　　图5-5　输入群聊名称

步骤03 ⬥设置群管理员。点击"群管理"选项，打开"群管理"界面，如图5-6所示。点击"群管理员"选项，在打开的界面中点击⊕ 添加成员 按钮，如图5-7所示，打开"选择群成员"界面，选择需要设置为群管理员的成员，点击 完成(1) 按钮，如图5-8所示，完成群管理的设置。

图5-6　点击"群管理员"选项　　图5-7　准备添加群管理员　　图5-8　选择需要设置为
　　　　　　　　　　　　　　　　　　　　　　　　　　　　　　群管理员的成员

2. 运营社群

为促进社群的长远发展，运营人员（群主）通常还需要与社群成员进行交流沟通，并通过开展社群活动提高社群成员的活跃度。

（1）社群交流

通过社群交流，社群成员可以分享自己的经验和见解，了解其他成员的需求和兴趣，从而建立更加紧密的联系。社群交流的内容形式多种多样，包括文字、语音、图片、视频等，可以根据社群的特性和需求选择合适的内容形式。为了促进社群交流，运营人员可以定期发布话题，引导成员发表个人观点与分享经验，同时及时回复和解决成员的问题和疑虑，提高成员的归属感和满意度。

（2）社群活动

社群活动可以丰富成员的互动体验，增强社群的凝聚力。社群活动可以是线上或线下的，如线上讲座、主题讨论会、互动游戏、线下聚会等。运营人员通过策划有针对性的社群活动，可以为成员提供学习交流和展示自我的机会，也可以拉近成员之间的距离，增进情感联系。这些多元化的社群活动，不仅能够满足成员多元化的需求，还可以营造良好的社群氛围，提高成员的忠诚度和归属感，从而推动社群的持续发展。

一般来说，社群交流的话题和社群活动都需要精心策划和组织，确保其与社群定位、社群成员的兴趣紧密相关。例如，针对旅游社群，话题可以围绕旅游攻略、目的地推荐、旅行故事等展开。同时，运营人员还可以组织开展旅游分享会、集体出游等社群活动，加深社群成员之间的联系。

5.2　微信公众号运营与推广

微信公众号凭借其互动性强、推送精准以及数据分析方面的优势，逐渐成为企业运营的重要工具。通过高效运营微信公众号，企业不仅可以提升品牌形象，提高用户体验，还能显著提高运营效率，实现运营目标。

5.2.1　设置微信公众号

不同类型微信公众号的功能、特点和适用对象均不相同，企业要在微信公众号中开展运营，需要先了解微信公众号，并进行一些必要的设置。

1. 微信公众号的类型

微信公众号主要有服务号、订阅号、小程序和企业微信 4 种类型。企业在选择微信公众号的类型时，需要综合考虑微信公众号本身的特点和优势、运营需求和自身运营能力。

（1）服务号

服务号具有管理用户和提供业务服务的功能，服务效率比较高，主要偏向于服务交互，如提供银行、114 等服务查询功能的服务号。服务号认证后 1 个月内可发送 4 条群发消息，还可以开通微信支付功能。

（2）订阅号

订阅号具有发布和传播信息的功能，可以展示个人或企业的个性、特色和理念，树立个人或企业的形象或品牌文化。订阅号主要偏向于为用户传达资讯（类似报纸杂志），认证后每天可以群发 1 条消息，具有较大的传播空间。如果想通过简单地发送消息来达到宣传效果，可选择订阅号。

（3）小程序

小程序具有出色的用户体验，可以被用户便捷地使用与传播，适用于有服务内容的企业和组织。

（4）企业微信

企业微信主要用于企业内部通信，具有实现企业内部沟通与内部协同管理的功能，还能与微信消息、小程序、微信支付等互通。

2. 微信公众号的组成

微信公众号账号基本由名称、头像、功能介绍等组成，如图 5-9 所示。名称是用户识别微信公众号的重要标志之一，通常要求直观、简洁、便于搜索。头像也是微信公众号的重要标志之一，可以体现微信公众号的风格。微信公众号头像可以使用品牌 Logo、卡通形象等。功能介绍主要用于描述微信公众号可以提供的服务或具备的功能，一般来说，功能介绍必须突出重点、便于理解，以便用户快速了解微信公众号可以提供的服务或具备的功能。

图 5-9　微信公众号账号基本组成

3. 设置微信公众号的名称、头像和功能介绍

企业确定好微信公众号的名称、头像和功能介绍后，便可以在微信公众平台中对该微信公众号进行设置。下面以水果店铺"果味轩"为例，介绍微信公众号的设置方法。该水果店铺打算将店铺名称"果味轩"作为微信公众号的名称，功能介绍为"鲜美时刻，与您共享！为您提供最新的水果资讯、健康的水果吃法和惊喜的水果活动。"具体操作步骤如下。

微课视频

设置微信公众号的名称、头像和功能介绍

步骤 01 ▶开始设置。进入微信公众平台官方网站，扫描二维码或使用账号登录微信公众平台，进入微信公众平台首页。单击页面左侧"设置与开发"栏下的"公众号设置"选项，打开"公众号设置"界面，如图 5-10 所示。

图 5-10 打开"公众号设置"页面

步骤 02 ▶设置公众号名称。单击"名称"栏右侧的"修改"超链接，打开"修改名称"对话框，使用账号主体的微信扫描二维码验证身份，在手机上点击 确定 按钮确定修改微信公众号的名称。身份验证成功后，单击 下一步 按钮，单击 同意并进入下一步 按钮同意协议，如图 5-11 所示。在"账号名称"文本框中输入"果味轩"，最后单击 确定 按钮确定修改名称，如图 5-12 所示。

图 5-11 同意协议

图 5-12 修改微信公众号名称

步骤 03 ▶设置公众号头像。在"公众号设置"界面单击"头像"图标👤，打开"修改头像"对话框，单击 选择图片 按钮，如图 5-13 所示。打开"打开"对话框，选择"果味轩头像 .png"（配套资源 :\ 素材 \ 第 5 章 \ 果味轩头像 .png），如图 5-14 所示，单击 打开(O) 按钮上传图片。图片上传成功后，可查看头像预览效果，确保头像没有被遮挡后，单击按钮，单击 确定 按钮确定修改头像。

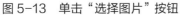

图 5-13　单击"选择图片"按钮

图 5-14　选择头像图片

步骤 04 设置功能介绍。在"公众号设置"界面单击"介绍"栏右侧的"修改"超链接，打开"修改功能介绍"对话框，在"请输入功能介绍"栏下的文本框中输入功能介绍的内容，单击 下一步 按钮，如图 5-15 所示，然后单击 确定 按钮确定修改功能介绍，等待审核通过。

图 5-15　输入功能介绍的内容

4. 设置微信公众号的常用功能

要想更好地开展微信公众号运营，更好地满足用户需求，提升用户体验，还需要设置一些必要的常用功能，如自定义菜单、自动回复。

（1）设置自定义菜单

微信公众号的自定义菜单位于聊天页面底部，可以直接链接公众号文章、网页和小程序，能够展现微信公众号的定位，提高用户体验。根据微信公众号的定位，自定义菜单可分为品牌介绍、官方活动、合作联系、官方商城等不同类别。一般来说，自定义菜单可设置 3 个，每个菜单下可设置 5 个子菜单，具体设置步骤如下。

步骤 01 开始设置自定义菜单。在微信公众号平台首页单击"内容与互动"栏下的"自

微课视频

设置自定义
菜单

定义菜单"选项，打开自定义菜单界面，单击 + 添加菜单 按钮，在"名称"文本框中输入菜单名称，此处输入文字"水果推荐"。

步骤 02 ◐ 设置自定义菜单详情。单击"水果推荐"菜单上方的 + 添加 按钮，在"名称"文本框中继续输入其他菜单名称，此处输入文字"上新水果"，"消息类型"栏默认选中"发送消息"，然后在"菜单内容"栏中单击"图片"超链接，如图 5-16 所示。

步骤 03 ◐ 上传图片。在打开的"选择图片"对话框中单击 上传文件 按钮，如图 5-17 所示。打开"打开"对话框，选择"上新水果 .png"选项（配套资源:\素材\第 5 章\微信公众号菜单\上新水果 .png），单击 打开(O) 按钮，上传图片，单击 确定 按钮。按照相同的方法添加子菜单"热门水果""时令水果"，并上传对应的图片（配套资源:\素材\第 5 章\微信公众号菜单\热门水果 .png、时令水果 .png）。

步骤 04 ◐ 添加其他子菜单。按照相同的方法添加菜单"水果活动"，子菜单"水果折扣""买一送一"，设置完成后单击 预览 按钮预览自定义菜单样式，最后单击 保存并发布 按钮保存自定义菜单。图 5-18 所示为菜单设置效果。

图 5-16　设置自定义菜单详情

图 5-17　单击"上传文件"按钮

图 5-18　菜单设置效果

（2）设置自动回复

　　自动回复功能可以提供即时的服务和信息，既方便用户获取所需信息，也能提高沟通效率。自动回复包括被关注回复、收到消息回复和关键词回复。被关注回复是指用户关注微信公众号后的自动回复，收到消息回复是指用户发送聊天消息后回复已设置好的指定内容，关键词回复是指用户发送指定关键词后的自动回复。运营人员设置合适的自动回复能够给用户留

下良好的第一印象，快速建立与用户的联系。下面介绍如何为水果店铺"果味轩"微信公众号设置被关注回复和关键词回复，具体操作步骤如下。

步骤01　开通自动回复。进入微信公众号后台，在左侧导航栏中选择"自动回复"，在打开的"被关注回复"选项卡中单击"自动回复"右侧的按钮，开通自动回复，如图5-19所示。

图 5-19　开通自动回复

步骤02　输入被关注回复语。待按钮变为状态后，在文本框中输入被关注回复语，然后单击 保存 按钮，如图5-20所示。

图 5-20　输入被关注回复语

步骤03　设置关键词回复详情。单击"关键词回复"，单击 添加回复 按钮，在展开列表的"规则名称"文本框中输入规则名称"买一送一水果"，在"关键词"下拉列表中选择"全匹配"，在其后的文本框中输入"买一送一"。如果需要多个关键词，可单击其后的 按钮，在下方的文本框中继续添加关键词。

步骤04　设置回复内容和回复方式。单击 T 文字 按钮，打开"添加回复文字"对话框，

在其中输入回复的内容后单击 确定 按钮，保持选中"回复方式"栏中的"随机回复一条"单选项，最后单击 保存 按钮保存设置，如图 5-21 所示。设置好的回复效果如图 5-22 所示。

图 5-21　设置回复内容和回复方式

图 5-22　关键词回复效果

🏷 课堂活动

生活百科是一个专注于分享日常生活知识的微信公众号，致力于为用户提供实用、有趣的生活知识和技巧，包括家居收纳、日常清洁、健康饮食等方面内容。请为其写作一个合适的被关注回复内容。

5.2.2　微信公众号用户运营

用户是微信公众号运营的基础，运营人员在开展运营之前，需要先了解用户，明确用户的需求和偏好，以提供更有针对性、更有价值的内容和服务。

1. 分析用户

利用微信公众平台的用户分析和内容分析功能可以了解用户的基本信息、阅读和渠道偏好等信息，以便把握微信公众号的运营内容方向。其具体操作步骤为：进入微信公众号后台，在左侧导航栏中单击"数据"栏下的"用户分析"选项，查看用户的性别、年龄和地域分布等信息；单击"内容分析"选项，查看用户的阅读渠道和内容偏好。例如，图 5-23 所示为水果店铺"果味轩"微信公众号的部分用户数据，图 5-24 所示为其 2023年 12 月 10 日～2024 年 1 月 9 日的部分内容数据。

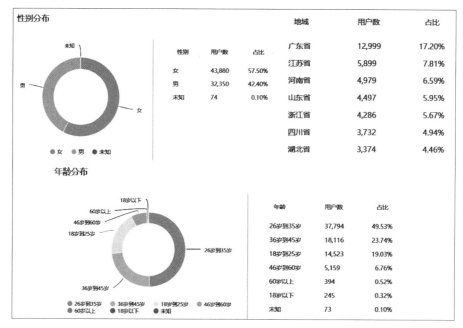

图 5-23　性别、年龄和地域分布数据

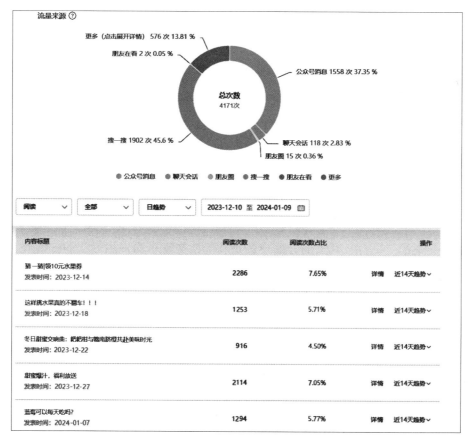

图 5-24　内容数据

由图 5-23 可知，该微信公众号用户的年龄大多在 26 ～ 35 岁。这些用户通常具有一定的消费能力，追求高品质生活，因此对水果的品质要求较高。因此，该水果店铺需要确保销售的水果品质优良、品种丰富、新鲜度高，以满足用户对高品质水果的需求。另外，运营人员还可以在微信公众号中增加水果品质介绍的栏目，详细介绍各类水果的产地、生长环境、口感、营养价值等，帮助用户更好地了解和选择水果。

由图 5-24 可知，该微信公众号的用户大多是通过搜一搜和公众号消息等渠道阅读微信公众号文章的，且在 2023 年 12 月 10 日～ 2024 年 1 月 9 日这个时间段，较为关注福利发放和水果实用知识方面的内容。因此，运营人员可以通过优化关键词和提升内容质量，提高微信公众号在搜一搜中的排名，以吸引更多潜在用户的关注；利用公众号消息的推送功能，定期向用户发送福利信息和水果实用知识内容，以增强用户黏性并提高活跃度。

2．微信公众号增粉

微信公众号增粉（增加粉丝数量）可以为开展微信公众号运营积累稳定的用户。这需要通过多种方式和手段来吸引更多的用户关注微信公众号，增加粉丝数量，提高微信公众号的曝光度和影响力。

（1）邀请老用户增粉

无论企业的规模如何，老用户（如有过交易的、有过互动的用户）都占有一定的比例。因此，运营人员可以通过微信、短信等方式邀请老用户关注微信公众号。另外，运营人员也可以激励老用户邀请新用户，对邀请到新用户的老用户给予奖励或优惠，如积分、优惠券等。

（2）其他新媒体平台引流增粉

运营人员在其他新媒体平台如微博、抖音、小红书等分享有价值的内容，或转发微信公众号文章，吸引用户关注微信公众号。这种方法需要内容有足够的吸引力，同时运营人员要熟悉不同新媒体平台的运营规则，以便根据不同平台的特性选择合适的内容和推广方式。

（3）个人微信号增粉

微信是一个社交平台，其大部分用户都是基于社交需求而使用微信的。因此，对于个人微信号中的好友，也可以将其发展成为微信公众号的粉丝。运营人员可以先增加个人微信号的好友数量，再在微信朋友圈或者微信群中分享微信公众号文章或活动等，引导好友关注微信公众号。

（4）活动增粉

运营人员通过举办各种活动如线上抽奖、答题、分享有奖等，吸引用户关注微信公众号。这种方法可以快速增加粉丝数量，但需要投入一定的资源，如奖品、推广费用等。同时，在设计活动时运营人员还需要充分考虑用户的需求和兴趣，增加活动的吸引力，达到增加粉丝数量的目的。

（5）设置微信公众号功能增粉

微信公众号通过开发或设置一些功能如自定义菜单、自动回复、小程序等，可以提升用户体验，从而增加粉丝数量。同时，如果微信公众号的功能有特色，可以满足用户的具体需求，或可以为用户提供具体服务，就很容易吸引用户的关注。例如，字加微信公众号提供智能识字服务，用户只需拍照或上传图片，其就可以识别出字体。这一功能精准地满足了用户需求，吸引了较多用户关注。

（6）瞄准用户的利益点增粉

用户转化为粉丝的一个重要动机就是希望通过微信公众号获得某种利益。若微信公众号能让用户获得有价值的内容，如学习资料、折扣券等，用户就可能主动关注该微信公众号。例如，对于职场人士，微信公众号可以提供职业发展方面的知识和建议。

5.2.3　微信公众号内容运营

在微信公众号的运营中，内容运营也非常重要。微信公众号内容的优质与否直接影响用户关注数量，最终影响运营效果。

1. 写作微信公众号文章

微信公众号文章是微信公众号运营的重要手段之一，运营人员通过写作高质量、有价值、有吸引力的文章，可以有效吸引用户的关注，提升运营效果。微信公众号文章的写作通常分为标题的写作和正文的写作两个部分。

（1）标题的写作

优质的文章标题都有一些共同的特性和写作模式，掌握这些特性和写作模式可以写出具有吸引力的标题。

① 提问式标题。提问式标题是指用提问的方式来引起用户关注，引导其思考问题并产生阅读兴趣的标题。运营人员在使用提问的方式来写作标题时，要从用户关心的利益点出发，这样才能引起他们的兴趣。提问式标题有多种提问形式，反问、设问、疑问等都是常用的提问形式，如"如何有效挖掘用户的心理需求？""坚果的食用禁忌你知道吗？"等。

② 直言式标题。直言式标题是指直接点明文章宣传意图的标题。这种标题常以开门见山的形式直接告诉用户会获得哪些利益或服务，让用户一看标题就知道文章的主题是什么，如"职场 PPT 必备的 7 种思维武器""清爽上新 | 点击收获一份奇遇"。

③ 警告式标题。警告式标题多通过使用严肃、警示、震慑的语气来说明内容，以起到提醒、警告的作用，常用于进行事物的特征、功能、作用等内容的说明。警告式标题对

具有相同症状或心里有某种担忧的用户来说，可以给予其强烈的心理暗示，引起内心的共鸣。警告式标题常用的表达形式，包括"惊叹词 + 主语 + 意外词 + 结论""千万不要 + 事情""你不可能 + 事情"等。

④ 对比式标题。对比式标题就是了解当前事物的某个特性，将其同与之相反或性质截然不同的事物进行对比，通过这种强烈的对比引起用户关注的标题。另外，对比式标题也可以将相同品牌不同产品的相同功能进行比较，或者是与行业内不同品牌同款产品进行比较，借助两者之间的差异来突出产品，如"选华为 Mate60 还是选 P60？华为两款机型全面对比，谁更值得拥有？"等。

⑤ 证明式标题。证明式标题是指以证人的身份进行阐释，以增强用户信任感的标题。这类标题既可采用自证，又可采用他证。这类标题常使用口述的形式来传递信息，语言自然通俗，如"亲测好用！7 款清洁好物，请收好！"等。

⑥ 悬念式标题。悬念式标题就是在标题中设置一个悬念，让用户怀揣疑问，迫不及待地仔细阅读文章，从中找寻问题的答案的标题。写作悬念式标题时，运营人员通常会将文章中最吸引人的内容放在标题中，给出提示或暗示，以引发用户思考，诱发用户的好奇心。

 素养课堂

根据《中华人民共和国广告法》，广告中不得使用"最高分""最快"等词语。运营人员不得为了提高微信公众号文章的点击率，在公众号文章标题中添加违禁词。

课堂活动

（1）根据以上介绍的微信公众号标题的写作模式，请为每种写作模式收集 1～2 个微信公众号文章的标题示例。

（2）判断微信公众号标题"警告！这种水果可能比你想象的更危险""直击'双 11'，全场 5 折起""几十元和上千元的眼霜，到底有什么区别"分别属于哪种标题写作模式？

（2）正文的写作

微信公众号正文是文章的核心部分，通常具有明确的目标诉求，能够多角度地展现主题；同时通过合理的图文搭配，潜移默化地让用户接受并信任文章所传达的信息。运营人员在写作文章正文时，可以使用以下写作方法。

① 各个击破法。各个击破法就是根据要推广的内容，单独介绍产品或服务的特点。

这种写作方法的好处在于总有一个点能够打动用户。运营人员在写作过程中要注意文字与图片的配合,通过详细的说明、亮眼的词汇及直观有趣的图片充分展示产品或服务的卖点,以吸引用户的注意力。例如,某微信公众号发布的一篇关于面膜的推荐文章,分别罗列了不同种类的面膜,并从产品价格、适用对象与用户评价等方面详细说明产品,让用户直观地了解了产品的优势。

② 核心扩展法。核心扩展法就是指在正文开头先将核心观点单独列出来,再从支持核心观点的角度进行扩展讲述,使正文内容始终围绕一个中心点来表述的叙述方式。使用核心扩展法写作的正文很难出现偏题或杂乱无章的情况,对用户的引导作用也更强。例如,图 5-25 所示为一篇介绍红树林烤制海鸭蛋的微信公众号文章。该文章首先指出海鸭蛋的美味,然后从海鸭蛋的制作工艺、口感、营养和食用方法等方面进行详细论述。

③ 故事引导法。这是指通过讲述感人、有趣的故事,将用户充分代入故事情节中,并跟随故事情节的发展阅读下去,再在正文快要结束时,提出需要推广的产品。采用这种写作方法时,要保证故事的有趣和情节的合理性,这样才能使正文更有看点,方便植入要推广的产品。另外,运营人员也可以选择在正文开头利用故事进行引导,使用富有哲理的小故事,或者使用与要表达的中心思想或段落思想相关的小故事作为开头,一句话揭示道理;还可以直接写故事,然后在其中进行商业植入等。图 5-26 所示为使用故事引导法写作的微信公众号文章,通过故事引出了推广产品——阿克苏苹果。

图 5-25　使用核心扩展法写作的正文

图 5-26　使用故事引导法写作的正文

④ 兴趣引导法。这种写作方法利用用户的兴趣点,引导用户关注文章内容,并产生进一步了解或行动的意愿。一般而言,干货、盘点、分享、攻略等是用户较为感兴趣的内容点,运营人员可根据微信公众号的定位,结合所推广产品的特征和用户的喜好,找到与用户相关且具有吸引力的内容点,然后以有趣、生动的方式呈现正文,引发用户的兴趣。

专家指导

在写作微信公众号文章正文时，为提升用户的阅读体验，更好地传达重要信息，还要注意图文搭配。在为文字配图时，应当尽量使用分辨率较高的图片，同时图片应当符合文字内容，且大小合适，避免影响文章的美观度。

2. 排版并发布微信公众号文章

微信公众号文章的版面效果也是影响运营效果的重要因素。在写好微信公众号文章后，还需要根据实际需要，在微信公众号后台或使用其他排版工具排版文章，提升文章的视觉效果。

（1）确定版面风格

在正式排版前，需要先确定好文章的版面风格。一般而言，同一微信公众号的文章，排版应保持一致，如统一文字对齐方式，使版面整体简洁、统一，方便用户阅读。如果微信公众号拥有不同栏目，同一栏目中的文章版式也应保持一致，不同栏目的文章版式可做区分，但应与微信公众号的整体风格保持一致。

（2）文字排版

文字排版需要注意文字颜色、文字字号和文字间距。

① 文字颜色。在设置文字颜色时，一般建议色号设置为 #7f7f7f、#595959 和 #3f3f3f 等常见颜色，因为与纯黑色（#000000）相比，这 3 种颜色更温和，不容易刺激阅读者的眼睛。对于一些重点内容，还可以设置其他颜色突出显示，但需要结合微信公众号的整体风格、文章的情感色彩进行设置。

② 文字字号。一般建议正文的字号为 14px ～ 16px。正文标题的字号可以比正文内容的字号稍大一些。

③ 文字间距。文字间距包括文字与文字之间的字间距、行与行之间的行间距、段落与段落之间的段间距。

- **字间距**：即字与字之间的距离，一般设置为 1 或 2。
- **行间距**：即上一行与下一行文字之间的距离，是指每行文字之间的纵向间距，一般设置为 1.5 ～ 2 倍行距。
- **段间距**：即段落与段落之间的距离，可以根据段落方向分为段前距和段后距，一般设置为 15 ～ 20。具体操作上，在微信公众号后台编辑器中单击"段前距"按钮 ≡，可设置段前距；单击"段后距"按钮 ≡，可设置段后距。

（3）图文排版

在微信公众号文章中，文字与图片是使用较多的表现形式。在文章中搭配适量的图片可以缓解用户的阅读疲劳，但需要注意图片要清晰，且贴合文章内容。在正文中插入图片时，通常要遵循两个原则，一是图片的统一性，即图片的样式要保持一致（所有图片都为矩形、圆形或不规则图形），不违背文章整体的版面风格；二是图文间距要合适，既保证文字与图片之间的间距适合用户阅读，又要保证连续展示多张图片时，图片与图片之间的距离合适，不能影响用户的视觉感受。

微课视频

在微信公众平台排版文章

另外，还要注意图片的大小与图片排版。建议将文章中的图片设置为 JPG 格式，因为 JPG 格式的文件较小，方便移动端用户查看。排版图片时，还要在图片两侧和前后留白；图片对齐方式一般为居中对齐，以便提升用户的阅读体验。

下面以在微信公众平台排版文章为例，介绍文章的排版方法，具体操作步骤如下。

步骤 01 复制并粘贴文章。在首页"新的创作"栏下选择"图文消息"，打开编辑页面，将文章正文（配套资源 :\ 素材 \ 第 5 章 \ 排版文章 .docx）复制并粘贴至编辑区，选择"仅保留文本"，然后将文章标题复制并粘贴至标题栏。

步骤 02 设置正文字号。选中文章正文，单击页面上方工具栏"字号"按钮17px右侧的下拉按钮，在打开的下拉列表中选择"16px"，如图 5-27 所示。保持字间距的默认设置。

步骤 03 设置字间距和行间距。保持文字的选中状态，单击"字间距"按钮右侧的下拉按钮，在打开的下拉列表中选择"1"，如图 5-28 所示。保持行间距的默认设置为"1.6"。

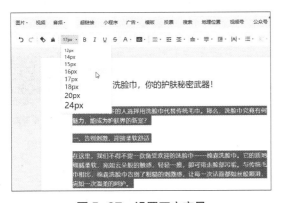

图 5-27　设置正文字号

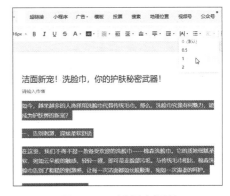

图 5-28　设置字间距

步骤 04 设置文字居中。选中文字"一、告别刺激，迎接柔软舒适"，单击"对齐"按钮右侧的下拉按钮，在打开的下拉列表中选择"居中对齐"，如图 5-29 所示。按照相同的方法，设置"二、快速吸水，清爽不粘腻""三、强拉不破，耐扯不变形"和"四、一巾多用，功能齐全"文字居中对齐。

步骤 05 ◆ 插入图片。将鼠标指针定位至"一、告别刺激，迎接柔软舒适"标题下的内容末尾处，单击"图片"，在打开的下拉列表中选择"本地上传"，如图 5-30 所示。打开"打开"对话框，选择"洗脸巾 1.jpg"（配套资源:\素材\第 5 章\洗脸巾\洗脸巾 1.jpg），单击 打开(O) 按钮上传图片。

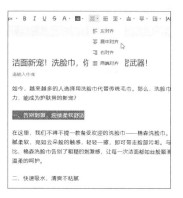

图 5-29　设置文字居中

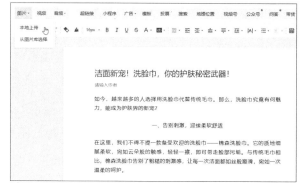

图 5-30　选择"本地上传"上传图片

步骤 06 ◆ 插入其他图片。使用相同的方法，在"二、快速吸水，清爽不粘腻""三、强拉不破，耐扯不变形"和"四、一巾多用，功能齐全"标题下的内容末尾处，分别插入"洗脸巾 2.jpg""洗脸巾 3.jpg""洗脸巾 4.jpg"（配套资源:\素材\第 5 章\洗脸巾\洗脸巾 2.jpg、洗脸巾 3.jpg、洗脸巾 4.jpg）。

步骤 07 ◆ 设置封面和摘要。将鼠标指针移至"拖曳或选择封面"上，在打开的下拉列表中选择"从正文选择"，如图 5-31 所示。在打开的"选择图片"对话框中选择图片"洗脸巾 1"，如图 5-32 所示。单击 下一步 按钮，打开"编辑封面"页面，确认图片显示完整后，单击 完成 按钮。保持"摘要"文本框的默认设置，直接抓取正文开头部分的文字。

步骤 08 ◆ 查看排版效果。单击 预览 按钮，打开"发送预览"对话框，输入需要预览的个人微信号，单击 确定 按钮预览排版效果（配套资源:\效果\第 5 章\文章排版效果.jpg）。

效果预览

文章排版效果

图 5-31　选择"从正文选择"选项

图 5-32　选择封面图

素养课堂

　　运营人员要培养审美意识、树立正确的审美观念，善于发现美、欣赏美和创造美，为用户提供美的视觉享受，同时提升自身的创作水平。

课堂活动

　　假如你是一家图书销售公司的运营人员，现公司推出了一系列童话书籍，要求你写作一篇微信公众号文章，请从标题和正文两个方面进行写作。

3. 推广微信公众号文章

　　推广微信公众号文章是扩大微信公众号影响力的重要手段，可以为微信公众号带来更多的流量和关注，提升微信公众号的运营效果。一般而言，运营人员可以从互动推广和营销推广两个方面入手。

　　（1）互动推广

　　互动推广即通过与用户互动，增强用户的黏性和忠诚度，提高用户主动转发和分享文章的意愿，从而扩大微信公众号文章的传播范围。常见的互动推广方式主要有以下 4 种。

- **评论互动**：对于已开通留言功能的微信公众号而言，评论区就是与用户互动的有效途径。运营人员可以回复用户的评论，或者在评论区自评，鼓励用户转发分享。
- **内容互动**：直接在微信公众号文章中设置互动内容，可以抛出讨论话题，如"今日话题：你还会用 ×× 吗？"再引导用户就话题展开讨论。
- **活动互动**：针对某一项活动，在微信公众号文章中发起投票，如"浙江'非遗茶生活'联创大赛，来给武义茶产品投票吧！"或者直接围绕晒照有奖活动、比赛等写作微信公众号文章，并邀请用户参与活动。
- **栏目互动**：专门设置带有互动性质的栏目，如"微互动"栏目。

　　（2）营销推广

　　营销推广即通过一系列的营销策略和手段来推动微信公众号文章的传播，将微信公众号推广出去，提升微信公众号的曝光度。

- **合作推广**：利用微信公众号合作伙伴的资源开展推广。例如，让合作伙伴的微信公众号转载微信公众号文章或直接推荐微信公众号等。
- **广告推广**：利用腾讯广告的公众号推广功能进行推广，借助腾讯广告的资源为微信公众号引流，被推广的微信公众号将出现在其他微信公众号文章的末尾等位置。
- **多平台推广**：如果在多个新媒体平台开设有账号，可在其他新媒体平台发布有价值的内容，并借机推广微信公众号。例如，在知乎中选择与微信公众号文章内容相关的问题进行回复，并在回复内容中添加微信公众号；直接将微信公众号文章转发至微博；专门围绕微信公众号文章内容制作一个短视频，在短视频中展示微信公众号。

5.2.4 微信公众号活动运营

在微信公众号中组织进行活动运营是一个有效的手段。它不仅利于与用户建立更紧密的联系，还可以为用户提供有趣、有价值的互动体验。

1. 微信公众号活动运营策略

在微信公众号的运营中，通过举办各种有趣、有吸引力的活动，可以吸引更多用户参与和关注，提升微信公众号的曝光度和影响力。运营人员在开展微信公众号活动运营时，需要掌握一些必要的策略。

（1）巧打感情牌

巧打感情牌，即利用情感共鸣吸引用户参与和互动。通过设计温情、励志或有趣的主题，鼓励用户在评论区分享自己的故事、经历或感受，与其他用户进行互动和交流。例如，可以开展故事征集活动，让用户分享深刻的童年回忆故事，从而与用户产生情感连接。对于那些能够打动人心的故事，可以给予展示和奖励，进一步提高用户参与的积极性。

（2）借助节日

节日通常来说具有较大的关注度和热度，借助节日来策划微信公众号活动，可以有效扩大活动的曝光度。我国的节日有很多，如元宵节、端午节、中秋节、清明节等，运营人员可以根据节日特点来策划特色活动。例如，在春节期间举办写春联、猜灯谜等活动，并合理融入产品或品牌信息。

（3）借助游戏

游戏是一种很好的吸引用户参与的形式。运营人员可以设计一些有趣的小游戏，如抽奖、猜谜、拼图等，要求用户完成游戏任务，并根据游戏结果给予一定的奖励。这样不仅可以增强用户的互动和参与度，还可以通过游戏的分享和传播扩大微信公众号的影响力。

2. 开展抽奖活动

抽奖活动是常见的微信公众号活动类型，如微信大转盘抽奖活动、砸金蛋抽奖活动和九宫格抽奖活动等。抽奖活动一般是用户在关注微信公众号的前提下才可以参与。

运营人员在设计抽奖活动时，要选择价值较高和有吸引力的奖品，以吸引用户参与。同时，运营人员要考虑增加活动的趣味性和互动性，如利用视频、动画或 3D 模型展示奖品。另外，运营人员还可以设置分享和邀请机制，激励用户将活动分享给更多的人，扩大活动的影响力。

　　运营人员设计好抽奖活动后，就可以使用第三方工具设置抽奖活动，如抽奖助手。抽奖助手是一款免费的抽奖活动工具，性能稳定，支持设置多种类型的抽奖活动。这里以抽奖助手为例，为"果味轩"设置一个实物抽奖活动，一等奖为草莓一份，共抽取 5 人，二等奖为火龙果一份，共抽取 20 人，奖品发放方式为快递邮寄。其具体操作步骤如下。

步骤01 ◐搜索抽奖助手。打开微信主页面，点击界面右上角的◯按钮，在打开界面顶部的搜索框中输入"抽奖助手小程序"，点击◯按钮得到搜索结果。

步骤02 ◐选择公众号抽奖。在搜索结果中选择"抽奖助手"小程序。进入"抽奖助手"首页，点击界面底部的"发起抽奖"按钮🎁，如图 5-33 所示，打开"发起抽奖"界面，在界面顶部向左滑动，选择"公众号抽奖"，如图 5-34 所示。

微课视频

设置抽奖活动

步骤03 ◐设置奖品详情。在打开界面的"奖品名称"文本框中输入"草莓一份"，在"奖品份数"后的文本框中输入"5"，保持"奖品发放方式"的默认设置，如图 5-35 所示。

图 5-33　开始发起抽奖　　　　图 5-34　选择"公众号抽奖"　　　　图 5-35　设置奖品详情

步骤04 ◐设置二等奖奖品详情。为体现奖品的丰富性，可以设置多个奖品类别，在界面中点击+添加奖项按钮，在添加的"二等奖"后的文本框中输入"火龙果一份"，在"奖品份数"其后的文本框中输入"20"，如图 5-36 所示。点击"奖品发放方式"选项，在打开的面板中点击"快递邮寄（开奖后 72h 填写时效）"选项，如图 5-37 所示。

步骤05 ◐设置领奖联系方式。点击"领奖联系方式"选项，打开"联系方式"界面，选中"手机号"单选项，输入手机号后，点击 完成 按钮，如图 5-38 所示。

步骤06 ◐设置领奖截止时间。返回"设置联系方式"界面，点击"领奖截止时间"选项，在打开的面板中设置截止时间为"开奖后 3 天"，点击 确认 按钮，如图 5-39 所示，然后点击 确定 按钮，完成设置。

步骤 07 ▶ 设置开奖时间。在"开奖设置"栏中保持"按时间开奖"的默认设置，点击"开奖时间"选项，在打开的面板中设置开奖时间为"1 月 15 日 周一 0:00"，点击 确认 按钮，如图 5-40 所示，完成设置。

步骤 08 ▶ 开启邀请好友参与功能。为促进用户分享，可以开启邀请好友参与功能。在抽奖界面向下滑动，点击 ◯ 按钮开启"邀请好友参与"功能，开启后按钮将变为 ●◯ 状态。

步骤 09 ▶ 发起抽奖活动。点击 发起测试 按钮，可查看抽奖活动的发起效果，如图 5-41 所示。确认无误后，返回"发起抽奖"界面，点击 发起抽奖 按钮发起抽奖活动。

图 5-36 输入二等奖奖品详情　　图 5-37 确定奖品发放方式　　图 5-38 选择联系方式

图 5-39 设置领奖截止时间　　图 5-40 设置开奖时间　　图 5-41 抽奖活动发起效果

3．开展投票活动

投票活动是比较常见的微信公众号活动。活动的形式较为简单，一般是比赛制，即通过设立大奖吸引用户报名，然后在微信公众号内拉票，根据最终票数或者报名内容等决定中奖者。运营人员在设计投票活动时，为保证用户良好的参与体验，需要遵循一些注意事项。

- **投票界面直观简洁**：投票界面是用户参与投票的入口，一般应直观简洁，以清晰地展示信息。同时，投票界面的导航、布局、色彩等要符合微信公众号的整体风格要求。
- **设置合理的投票规则**：设置合理的投票规则，包括投票时间、投票限制、禁止刷票等。规则设置要公平、合理，避免出现不公平的投票结果。
- **易于参与和分享**：确保投票活动易于参与、简单易懂，不需要用户费力思考或烦琐操作，提供清晰的指引和明确的投票方式。此外，还可以添加分享功能，让用户可以方便地将投票活动分享给他人，扩大活动的传播范围。
- **确保公正性和透明度**：确保投票活动的公正性，杜绝作弊行为或不合规的操作。此外，还要公示投票结果，尊重用户的知情权，确保活动的透明度。

投票活动的设置较为简单，运营人员可以直接使用微信公众平台中的投票功能设置投票活动，也可以使用第三方工具进行设置。

4．开展问答活动

问答活动一般是运营人员根据企业的需求设置问答题目。问题形式既可以是开放式的，也可以是封闭式的，用户给出指定的或合乎情理的答案，便有机会获得奖品。问答活动提供双向的沟通和交流机会，可以引发用户思考，拉近企业与用户的距离。运营人员要想通过问答活动收获良好的运营效果，在设计问答活动时，需要注意一些事项。

- **问题简洁明了**：问题应该简洁明了，易于用户理解和回答，如图 5-42 所示，同时要确保用户能够根据自身知识和经验给出合理的答案。避免设置存在歧义、模棱两可或触及敏感话题的问题。
- **及时互动和回馈**：当用户给出回答后，要及时对用户的回答做出反馈，如回评用户，同时鼓励用户参与和分享。这样可以体现出对用户的关注和重视，增强用户黏性，并提高用户主动分享活动的意愿。

图 5-42　问答活动

- **问题与品牌或产品有关联**：问题的设置要与品牌或产品有直接或间接的联系，这样既可以传递品牌信息，又能增强用户对产品的了解和兴趣。例如，提出关于产品的使用感受、不同产品之间的优劣对比等问题。这样的问题能够激发用户的参与热情，同时也能为改进产品提供有价值的反馈。

案例分析　　　　　瑞幸咖啡微信公众号运营

瑞幸咖啡是我国目前门店数量较多的连锁咖啡品牌，官方微信公众号为"luckincoffee 瑞幸咖啡"，主要定位为官方福利和服务号。

瑞幸咖啡的微信公众号名称直接以品牌名称命名，账号头像则使用品牌 Logo，可以塑造统一的、便于用户识别的品牌形象。其功能介绍"官方「福利＋服务」号，周周 9.9 元！"直接点明了该微信公众号的功能，如图 5-43 所示。

当用户关注微信公众号后，其会自动回复一条有关福利的内容，并引导用户添加企业微信。微信公众号的菜单栏设置清晰明了、功能全面，不仅设置有用户下单、优惠领取和招商合作的菜单，还设置有在线客服答疑的菜单。例如，"本周9.9 元"直接为用户提供了优惠领取途径，用户点击菜单便可跳转到指定页面领取优惠，如图 5-44 所示。

图 5-43　瑞幸咖啡的功能介绍

图 5-44　跳转到优惠券领取页面

另外，查看该微信公众号发布的文章可知，该微信公众号准时在每周一发布文章，每次发 5 ～ 6 篇。文章内容主要涉及新品推广、优惠券领取、咖啡知识、其他业务合作营销等方面。文章整体的阅读量较大，关于领取优惠的文章的阅读量通常在 10 万以上，且文章标题大多会明确标注如"9.9 元券""4.9 折券"等直接点明福利性质的词语。文章正文主要以图片的形式介绍产品，然后在结尾处添加领取优惠券的超链接，用户点击超链接便会跳转到点单小程序领取优惠券，促使用户在领取优惠券后产生购买行为。

除此之外，该微信公众号对每篇文章的用户留言都会尽可能地回复，同时还会不定期地开展一些福利活动，如留言送礼活动、问答活动等，与用户建立了良好的互动关系。

案例点评：瑞幸咖啡的微信公众号首先通过统一的品牌形象和明确的功能介绍建立了用户认知，然后通过提供完善的服务和有吸引力的福利，增强了用户的购买意愿和黏性。同时，该微信公众号每周定期发布文章和不定期开展福利活动，吸引了用户的持续关注和参与，与用户建立了良好的互动关系，为品牌的发展奠定了坚实基础。

5.3　课堂实训

实训 1　写作保温杯的微信朋友圈文案

乐饮是一家专注健康器具研发、生产和销售的企业。近期，乐饮推出了一款保温杯。该保温杯的详细信息为：新增智能显温功能，用户可以随时监控杯内液体的温度，做到有效防烫；内胆甄选 316 不锈钢材质，不易藏垢且耐腐蚀性更强，日常饮品可随意装；杯身采用不锈钢双层抽真空和真空侧镀铜技术，可以有效阻隔温度传导，延缓杯内液体的散热速度，保温时间较长；杯盖内置硅胶密封圈，晃动翻转都不漏水。为提高用户的购买热情，乐饮打算开展促销活动，该保温杯原价 69 元，现价为 55 元，买即赠清洁工具一套。

为促进保温杯的销售，同时了解用户对保温杯的需求和评价，乐饮安排运营人员小张写作一条保温杯的朋友圈文案，并希望通过提问形式收集用户的反馈，为优化产品提供决策支持。

1. 实训要求

（1）结合朋友圈文案的写作要点进行文案的写作。

（2）在文案中加入互动内容。

2. 实训步骤

步骤 01　构思朋友圈文案。首先，根据保温杯的基本信息和朋友圈文案的写作要点可知，保温杯的优惠信息是文案的重点内容，因此直接在文案开头标明保温杯的优惠信息，以快速吸引用户的注意力。其次，为收集用户关于保温杯的反馈，可以在文案中加入提问形式的内容。为方便用户回答，问题应简洁明了且具有互动性，如"留言分享您对保温杯的需求或对现有保温杯不满意的地方"。再次，为激发用户的参与热情，可以在文案中加入与利益点相关的内容，如"我们将抽取幸运用户免费试用新品哦！"最后，可以在文案中加入一些亲切、生活化的词汇，如"亲爱的""快来参与吧"等，让文案更具有人情味和亲和力。

步骤02 写作朋友圈文案。根据上述写作思路，写作保温杯的朋友圈文案。例如，"亲爱的小伙伴们，我们的保温杯上新啦，现在买不仅享受立减优惠还有好礼赠送！想象一下，拥有它，你就能全天候、随心所欲地品味热饮，是不是感觉生活都变得更加美好了？我还有一个小任务要给大家哦，快来评论区和我唠唠嗑，告诉我你心目中的保温杯应该具备哪些功能或设计，或者吐槽一下你现在用的保温杯哪些地方不够满意。请在评论区留言告诉我你的想法，我会认真看每一条留言，并从中随机抽选5位积极参与的小伙伴，免费试用新品保温杯，快来参与吧！"

步骤03 发布朋友圈文案。打开微信主界面，点击"发现"选项，打开"发现"界面，点击"朋友圈"选项，如图5-45所示。在打开的界面中点击右上角的⚬按钮，点击界面底部的"从相册选择"选项，如图5-46所示。在打开的界面中选择保温杯图片（配套资源:\素材\第5章\保温杯\保温杯朋友圈配图.jpg），点击 完成(1) 按钮，然后输入文案，并在适当的位置加入表情符号、换行，编辑好的文案如图5-47所示。最后，点击"发表"按钮，将文案发布到朋友圈中。

图5-45 点击"朋友圈"选项

图5-46 点击"从相册选择"选项

图5-47 编辑好的文案

实训 2　写作并排版保温杯的微信公众号文章

为提高保温杯的销量，乐饮安排小张为保温杯写作一篇微信公众号文章，并使用 135 编辑器进行排版。

1. 实训要求

（1）结合标题的多种写作模式写作文章标题。

（2）结合正文的写作方法写作文章正文。

（3）根据产品特点插入图片。

2. 实训步骤

（1）写作微信公众号文章

步骤 01　写作文章标题。根据背景信息可知，该文章的主要目的是推广保温杯。结合标题的写作模式，可以直接使用直言式的标题，表明新产品的促销消息，如"保温杯上新优惠，让你的冬日暖意融融"等。

步骤 02　写作文章正文。就正文而言，为有效地吸引用户的注意力，可以直接使用各个击破法罗列保温杯的各个优点，表明保温杯的优质。

步骤 03　写作文章结尾。为激发用户的购买欲望，可以在结尾使用情感化的表述，表达对用户冬日保暖的关爱，或者传递一种享受生活、关爱自己的积极态度。同时以简洁明了的语句呼吁用户抓住优惠机会，促进产品销售。例如，"乐饮智能显温保温杯，不仅实用，更是你冬日里不可或缺的暖心守护者。为了回馈广大用户的支持，乐饮特别推出优惠活动！保温杯原价 69 元，现在仅需 55 元。还在犹豫什么？让乐饮智能显温保温杯为你的饮水生活增添一份智能与舒适！"

（2）排版微信公众号文章

步骤 01　导入文章。登录 135 编辑器，将文章正文复制并粘贴至编辑区（配套资源:\素材\第 5 章\保温杯微信公众号文章 .docx），选择"只保留文本"。

步骤 02　插入图片。在第 2 段的末尾处换行，单击"单图上传"按钮，如图 5-48 所示。在打开的"打开"对话框中选择"保温杯 1.jpg"（配套资源:\素材\第 5 章\保温杯\保温杯 1.jpg），单击"打开"按钮，插入图片。采用相同方法在第 3、4 段末尾处换行，分别插入图片"保温杯 2.jpg""保温杯 3.jpg"（配套资源:\素材\第 5 章\保温杯\保温杯 2.jpg、保温杯 3.jpg）。

步骤 03　应用一键排版。在界面左侧的导航栏中选择"一键排版"，在搜索栏中输入样式编号"129968"。将鼠标指针移至样式上，单击 一键排版 按钮直接应用样式，效果如图 5-49 所示。选择文章最后的二维码样式，在打开的右侧面板中单击 删除 按钮，删除样式。

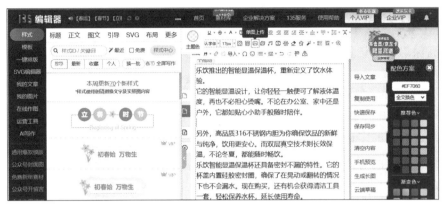

图 5-48　单击"单图上传"按钮

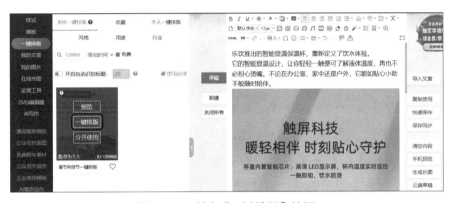

图 5-49　单击"一键排版"按钮

步骤 04 ▷查看排版效果。单击 快速保存 按钮保存排版效果，选择左侧导航栏中的"我的文章"选项，单击第一篇草稿左侧的"编辑文章标题"按钮🖊，如图 5-50 所示。在打开的文本框中输入文章标题，然后选择右侧功能区中的"手机预览"，查看排版效果（配套资源：\效果\第 5 章\保温杯微信公众号文章排版效果 .jpg），部分效果如图 5-51 所示。

图 5-50　单击"编辑文章标题"按钮

图 5-51　文章部分排版效果

实训 3　为器具品牌策划投票活动

春节来临之际，为回馈用户的支持，加深与用户的联系，乐饮打算为用户发放新年礼物。为了解用户对礼物的需求和喜好，乐饮打算开展一次投票活动，让用户通过投票活动预先选出喜爱和需要的产品。

1. 实训要求

（1）要求活动易于用户参与且吸引力大。

（2）在微信公众号设置投票活动。

2. 实训步骤

步骤01 ◐确定活动主题。本次投票活动目的主要是让用户选择心仪的礼物，因此活动主题可以直接点明利益点，体现活动与用户的相关性。例如，"投票啦！快来评选你最想要的新年礼物吧！""投票 | 快来选择你心仪的新年礼物！"

步骤02 ◐确定投票选项。根据投票活动主题，考虑到奖品的实用性和吸引力，乐饮决定将热销款产品、经典款产品及产品优惠券等作为礼物选项。例如，将热销大肚杯、经典保温杯、新品智能显温保温杯、家用保温壶、满减优惠券、品牌周边等作为礼物选项。

步骤03 ◐确定活动详情。首先，确定投票活动的时间，如确定活动的开始和截止时间为"2024 年 1 月 15 日 09:00 至 2024 年 1 月 20 日 00:00"，确保有较多的用户参与投票，并为邮寄奖品预留一定的时间。其次，确定活动的参与规则，告知用户投票限制、方式等，如"每人仅有 1 次投票机会，每次可选择 1 ～ 3 个选项进行投票，票数最高的 3 项将入选 2024 年新年礼物清单"。

步骤04 ◐开始设置投票活动。确定好投票活动的选项、时间和规则后，便可以在微信公众号设置投票活动。登录微信公众号后台，单击"内容与互动"栏下的"投票"选项，打开"投票"界面，如图 5-52 所示。

图 5-52　打开"投票"界面

步骤05 ▶ 设置投票名称和时间。单击 新建投票 按钮，打开"新建投票"界面，在"投票名称"栏中输入"新年礼物投票"（该项只用于管理，不显示在发布的投票活动中），在"截止时间"栏中设置投票截止时间为"2024-01-20 00:00"，如图 5-53 所示。

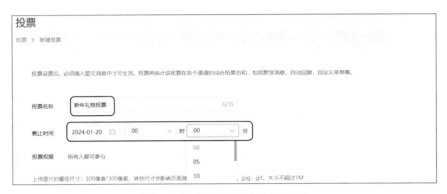

图 5-53　设置投票名称和时间

步骤06 ▶ 设置投票方式和选项一。在"问题"栏下的"标题"文本框中输入活动主题"投票啦！快来评选你最想要的新年礼物吧！"选中"多选"单选项，在"选项一"栏后的文本框中输入"热销大肚杯"，单击文本框后的 ⊟ 按钮，如图 5-54 所示。打开"打开"对话框，选择"热销大肚杯.png"（配套资源:\素材\第5章\奖品\热销大肚杯.png），单击 打开(O) 按钮上传图片。

图 5-54　设置选项一

步骤07 ▶ 设置选项二和选项三。使用相同的方法，输入选项二为"经典保温杯"、选项三为"新品智能显温保温杯"，分别上传图片"经典保温杯.png""新品智能显温保温杯.png"（配套资源:\素材\第5章\奖品\经典保温杯.png、新品智能显温保温杯.png）。

步骤08 设置其他选项。单击"选项三"文本框后的⊕按钮，添加选项四，在"选项四"的文本框中输入"家用保温壶"，使用相同的方法上传图片"家用保温壶 .png"（配套资源 :\ 素材 \ 第 5 章 \ 奖品 \ 家用保温壶 .png）。再使用相同的方法添加选项五和选项六，并分别输入"满减优惠券"和"品牌周边"。设置完成后，单击 保存并发布 按钮，打开"发布投票"对话框，单击 发布 按钮，投票活动会保存在微信公众号后台，单击 预览 按钮可预览投票活动效果，效果如图 5-55 所示（配套资源 :\ 效果 \ 第 5 章 \ 投票活动效果 .png）。

图 5-55　预览投票活动效果

5.4　课后练习

　　适乐居是一个家居品牌，主要销售家具、灯具、家纺产品等家居用品。适乐居以其高品质、环保设计和高性价比广受用户青睐。近期，适乐居计划开展年末促销活动。活动为期 7 天，活动期间所有产品享满 300 元减 30 元优惠；消费满 800 元即赠送精美家纺产品一件；前 10 名购买的用户还能免费享受家居定制服务。

　　为扩大活动的影响力，适乐居安排运营人员小王发布一条预告年末促销活动的朋友圈文案。同时，适乐居打算开通一个微信公众号，定期发布与家居生活、设计美学、家装技巧等相关的高质量文章，并在文章中展示新品和热销产品，吸引用户购买。此外，品牌还将通过微信公众号提供专享优惠、积分兑换、会员活动等服务。

　　1．通过微信朋友圈发布适乐居年末促销活动的朋友圈文案。

　　2．为适乐居开通微信公众号，将其品牌名称设置为微信公众号名称，然后设置头像（配套资源 :\ 素材 \ 第 5 章 \ 适乐居头像 .jpg) 和功能介绍。

　　3．根据运营需要设置微信公众号的自定义菜单和自动回复。

　　4．为适乐居的微信公众号策划一个问答活动。

第6章
微博运营与推广

微博作为一种即时信息传播平台，凭借广泛的传播力和影响力，成为人们生活中重要的社交工具，也成为企业开展运营与推广的重要阵地。通过微博，企业的产品动态、品牌故事、行业资讯等内容，可以在短时间内触达海量的用户群体，极大地提升企业的运营效果和品牌影响力。

学习目标

- 掌握微博账号的设置方法。
- 掌握打造微博账号矩阵的方法。
- 掌握微博用户、内容和活动的运营方法。

素养目标

- 遵守平台规则和法律法规，自觉规范内容创作和传播行为。
- 培养社交互动能力，建立良好的互动关系。

6.1 管理微博账号

在开展微博运营前，需要先针对微博账号进行设置，并做好必要的准备工作，包括申请微博认证、打造微博矩阵等，以便为后续的运营工作奠定基础。

6.1.1 设置微博账号

要想通过微博开展运营与推广，首先需要设置好微博账号。

1. 微博账号的组成

微博账号一般由昵称、头像和简介3个部分组成。

（1）昵称

昵称可以直接体现账号的功能、服务及基本信息等，是用户识别微博账号的方式之一。常见的昵称命名方法包括直接命名法、相似命名法、功能命名法、形象命名法和抽象命名法等。

- **直接命名法**：即直接以企业、品牌、组织机构或个人的名字来命名，如"天猫""京东"（见图6-1）"中国新闻网"等。
- **相似命名法**：是以影响力较大，或具备代表性的微博名为模板来命名的一种方法，如以"微博搞笑排行榜"（见图6-2）为模板来命名"微博美食排行榜"等。

图6-1　直接命名法

图6-2　相似命名法

- **功能命名法**：即根据企业、品牌、产品等的功能或服务来命名，突出某个用途或功能等，如"高德打车"（见图6-3）"朴朴超市"等。
- **形象命名法**：是指利用拟人、拟物、比喻等手法，将无形的事情或事物有形化的一种方法，如"电影工厂""拇指阅读"等。
- **抽象命名法**：使用抽象命名法命名的微博昵称以有趣、好玩为主，没有严格的命名规则或格式。这类命名方法可以让用户感觉眼前一亮，并产生想要深度了解、添加关注的欲望，如"小白心里软"（见图6-4）"快乐番薯"等。

图6-3　功能命名法

图6-4　抽象命名法

在设置微博昵称时，应当遵循简洁、拼写方便等原则，以便用户识别和记忆。

 专家指导

需要注意的是，微博用户修改微博昵称的次数是有限的。个人微博的昵称，非会员用户每个自然年可修改1次；会员用户依据是否认证和会员等级的不同，每个自然年可修改3～6次。因此，用户应谨慎修改微博昵称。另外，长期不使用且活跃度低的微博昵称会被收回。

（2）头像

头像是微博账号的直观展示，承载着塑造形象的重要使命。个人微博的头像一般可以是清晰的真人照片，也可以是个性化的卡通头像、特殊标志等。对于企业、政务机构、组织机构来说，微博头像最好选择能够代表其形象的企业Logo、政府部门名称、拟人形象等，图 6-5 所示为使用企业 Logo 作为微博头像的账号。

图 6-5　使用企业 Logo 的微博头像

　　一般而言，微博头像的风格应该与微博类型、微博昵称等一致。萌宠类的微博，可选择宠物的照片作为微博头像；搞笑类的微博，可选择搞笑图片作为微博头像；盘点类的微博，可选择具有代表性的盘点事物作为微博头像。例如，昵称为"快乐番薯"的微博账号，使用了快乐的番薯卡通形象作为微博头像，如图 6-6 所示。

图 6-6　风格统一的微博头像

（3）简介

　　简介是对个人、企业、组织机构等的简单介绍。个人微博简介一般可以进行个人信息介绍，也可以使用个性化的句子或词汇等传达个人特点和风格。企业微博简介应该简明扼要，以便用户快速了解企业，如账号的定位，企业的理念和文化等。图 6-7 所示为不同类型的微博简介。

图 6-7　不同类型的微博简介

2. 设置微博的昵称、头像和简介

　　确定好微博昵称、头像和简介后，便可以在移动端或客户端进行设置。例如，在客户端进行设置的具体步骤为：登录网页版微博，将鼠标指针移至页面右上方的"设置"按钮 ⚙ 上，在打开的列表中选择"账号设置"，如图 6-8 所示。分别在打开页面的"昵称""简介"文本框中输入相应的内容，单击 保存 按钮保存内容，如图 6-9 所示。单击上方的头像图片，打开"编辑头像"对话框，在其中进行头像设置。

图 6-8　选择"账号设置"

图 6-9　输入昵称和简介

6.1.2　申请微博认证

微博认证可以提高微博的权威性和知名度，更容易赢得微博用户的信任。微博认证主要分为个人认证和组织认证两种。

1. 个人认证

个人认证的标识为一个橙色的 V 图标，认证成功后会显示在微博昵称后。经过个人认证后，微博账号将有更大可能性在搜索页面中被优先推荐，可以有效增加个人微博的曝光度，提高知名度。根据认证类型的不同，个人认证又可分为图 6-10 所示的 5 种类型，每种类型需要符合不同的认证申请条件。

图 6-10　个人认证类型

- **身份认证**：即个人用户真实身份确认，一般适合有一定专业背景的用户，如教师、医生、舞者等具有专业资格证明的从业人员。
- **兴趣认证**：主要针对在某一领域持续贡献内容的用户，如母婴达人、时尚穿搭达人等。这类认证方式对发博数和阅读量有一定的要求。
- **超话社区认证**：超话即超级话题，超话社区认证主要针对在超级话题中贡献较大的账号，超级话题的大、小主持人，超话创作官等可申请该认证。超话社区认证属于偏专业性的认证，可与现有身份认证、兴趣认证叠加。
- **视频认证**：视频认证分为原创认证和二次创作认证两种，用于鼓励优秀视频创作者、短视频达人等申请这类认证。

- **文章 / 问答认证**：文章 / 问答认证注重文章或问答的原创程度，其中文章认证的文章原创程度要高于 80%，问答认证的原创回答要高于 20 条。同时，文章 / 问答的内容应当具备一定的科普性。

2. 组织认证

组织认证包括企业认证、内容 /IP（Intellectual Property，知识产权）机构认证、政府认证、媒体认证、校园认证、公益认证。认证成功后，微博昵称后会显示一个蓝色的 v 图标（蓝 V 标识）。不同的认证类型适用的主体不同，具体如图 6-11 所示。

图 6-11　组织认证类型

3. 申请认证

申请个人微博认证的方法比较简单，具体步骤为：在微博 App "我"界面中点击头像，在打开的界面中点击 ✎编辑个人资料 按钮，在打开的界面中点击"微博认证"，进入"认证"界面，根据需要选择认证类型，查看是否满足认证条件，如满足可直接申请认证。

与个人认证相比，组织认证需要申请者填写较多的信息，大多是按照选择认证类型—准备认证材料—提交认证材料—审核认证信息—获取认证结果的顺序进行。以企业认证为例，申请企业认证，申请者应准备好营业执照（副本、原件的拍照或扫描件）和认证公函（加盖企业彩色公章），企业认证申请成功后即可拥有专属蓝 V 标识。企业可通过多种运营工具运营粉丝经济，使运营推广更精准高效。

🏷 **课堂活动**

在微博中，针对组织认证的 6 种类型，分别查找 1～2 个已经通过认证的微博账号，并分析其账号昵称、头像和简介的特点。

6.1.3　打造微博账号矩阵

微博账号矩阵是指企业根据旗下品牌、产品等的不同定位建立多个账号，形成账号矩阵。其可以全面覆盖用户群体，达到全方位宣传企业或品牌的效果。企业打造微博账号矩阵时，可以从品牌需求、地域、业务需求和功能定位 4 个方面入手。

- **按品牌需求打造**：大多数企业都拥有不同的品牌，不同品牌之间开设的微博账号可以连接起来，互相引流。例如，蒙牛旗下的品牌有蒙牛、酸酸乳、真果粒、纯甄等微博账号。

- **按地域打造**：根据地域位置的不同开设不同的微博账号，常用于银行、旅游机构、零售连锁店等，便于进行区域化管理。例如，农业银行开通了中国农业银行北京分行、中国农业银行江苏分行、中国农业银行辽宁分行等子微博。

- **按业务需求打造**：如果企业业务较多，可以直接将业务分类，然后为主要业务开设微博账号。例如，腾讯公司就为其主要服务建立了腾讯动漫、腾讯新闻、腾讯游戏等子账号，打造覆盖面更加广泛的微博矩阵。

- **按功能定位打造**：根据微博账号功能的不同建立不同的微博子账号，打造微博矩阵，如宝洁根据账号功能不同建立了宝洁招聘、宝洁生活家等微博账号。

6.2　微博用户运营

要想做好微博运营，首先应当做好用户运营，只有在积累一定数量的用户基础后，运营人员发布的微博内容才能得到更多的点赞、评论和转发，达到更好的运营效果。

6.2.1　增加微博粉丝

微博粉丝的增加是一个长期的过程。为高效地增加粉丝（增粉），运营人员需要掌握并综合运用多种渠道和方法。

1. 平台内增粉

微博作为一个庞大的社交媒体平台，拥有广泛的用户基础，蕴藏着丰富的内部资源和多元化的互动机制，为吸引和积累粉丝提供了基础。

- **优化账号设置**：通过完善个人信息和申请微博认证，提高账号的辨识度和可信度，进而吸引更多用户的关注。

- **同类账号关注增粉**：主动关注同领域、同风格或同城的微博账号，当被关注账号发现新增粉丝时，可能会回关互粉。

- **输出优质内容增粉**：通过发布有价值的、有吸引力的内容来吸引用户，获得一批忠诚度较高的粉丝。同时，还可以在微博内容中添加与内容定位相关的热门标签，便于平台根据算法将内容推荐给潜在用户，实现增粉。

- **线上活动增粉**：通过举办一些有趣、有吸引力的微博活动，吸引用户关注微博账号，传播微博内容，如关注转发抽奖、关注参与话题讨论等形式，将活动流量转化为粉丝。

- **合作增粉**：通过与合作伙伴或知名专家合作，利用他们的粉丝基础，共同发起话题讨论或开展运营活动，实现增粉。

2. 通过外部平台增粉

为实现更广泛的增粉，运营人员还可以借助外部平台的流量和资源，将潜在用户引流至微博。

- **短视频 / 直播平台引流增粉**：在短视频或直播账号简介中展示微博账号，或直接在短视频内容、直播间宣传微博账号，引导用户关注。

- **专业网站增粉**：在果壳网、蜂鸟网等专业网站发布内容，并植入微博账号信息。

- **其他渠道涨粉**：在豆瓣、微信、QQ、搜索引擎等渠道中展示微博账号，甚至可以在出版物上注明微博账号，实现粉丝的快速积累。

- **线下活动增粉**：在线下开展高质量的分享会、打卡活动、音乐节、体验会等，并在活动中设计互动环节，引导用户关注微博账号，以这种方式获得的粉丝黏性更强。

6.2.2 维护微博粉丝

在获得大量的微博粉丝后，运营人员还需要采取一些措施来提高粉丝活跃度，维护粉丝的稳定，为后期开展运营工作建立用户基础。

1. 保持与粉丝的互动

与粉丝互动是提升粉丝活跃度较直接的方式。一般而言，粉丝越活跃的微博账号，传播力度和影响力就越大。运营人员可以使用以下 4 种方式与粉丝保持互动。

- **评论**：粉丝在微博内容下方发表评论，微博主则点赞并回复某些评论时间早或内容精彩有趣的评论，拉近与粉丝的距离，提高粉丝的积极性，如图 6-12 所示。

- **转发**：指将他人的微博转发至自己的微博上。

- **私信**：私信是一种一对一的交流方式，交流内容仅交流双方可以查看。

图 6-12　回复粉丝评论

- **提醒**：指通过 "@微博昵称" 的方式，提醒粉丝关注某信息。

2. 输出优质内容

定期发布与品牌或产品相关的高质量内容，包括但不限于原创文章、图片、视频、直播等，确保内容具有吸引力和价值，满足粉丝期待。同时，为保持用户的新鲜感，运营人员还可以结合时事热点、节日等策划微博内容。

3. 开展互动活动

定期开展转发抽奖、有奖竞猜、评论抽奖、粉丝见面会等活动，通过给予粉丝实质性的回馈，进行实际的交流来有效增强粉丝黏性，增进与粉丝的情感联系。例如，图6-13所示为旺仔官方微博"旺仔俱乐部"发起的关注、转发抽奖活动，获得了较多用户的转发。

图6-13 开展互动活动

4. 注重粉丝关怀

运营人员积极解决粉丝遇到的问题，关注粉丝的需求和反馈，有利于加深与粉丝的情感连接。这种方法不仅能够体现品牌对粉丝的关注和重视，提升粉丝的信任度，还有利于树立品牌良好的形象。

课堂活动

（1）搜集2～3个不同类型的微博账号，分析其粉丝数较多的原因。

（2）列举2～3个你关注的微博账号，并谈谈关注的原因。

6.3 微博内容运营

微博内容运营即通过文字、图片或视频等形式呈现微博内容，激发用户参与、分享和传播内容的完整过程。做好微博内容运营，能有效吸引用户的注意力，提高企业产品或品牌的影响力。

6.3.1 微博内容的写作技巧

为增强内容的吸引力和可看性，运营人员在写作微博内容前，需要掌握一些必要的写作技巧。

- **添加热门话题标签**：话题指根据微博热点、个人兴趣、网友讨论等多渠道内容，经话题支持人补充修饰和加以编辑的，与某个话题词有关的专题，热门话题标题一般以"#××#"的形式出现。热门话题能吸引较大的阅读量与讨论量，通过选择并添加与微博内容相关的话题标签，可以借助热门话题的关注度，提高内容的曝光度。

- **图文结合**：巧妙结合文字与图片，不仅可以传达更多的信息，还可以提升内容的吸引力和可读性。微博支持发布单图、多图（最多18张）、拼图（最多拼9张）和动图等图片形式。在写作微博内容时，运营人员可以选择以文字内容为主、图片为辅，或以图片为主、文字为辅两种写作方式。例如，图6-14所示为赵一鸣官方微博"赵一鸣零食"发布的图文结合的微博内容，其文字部分提到9款办公室零食，在配图时就分别展示了这9款零食，直观明了。

- **引导互动**：运营人员在写作微博内容时，还可以通过提问、讨论或鼓励转发、评论等方式引导粉丝互动，如图6-15所示。这不仅可以提高粉丝的参与度，还能增加微博账号的曝光度。

图6-14　图文结合的微博内容

图6-15　引导互动的微博内容

- **善用@功能**：微博中用于@其他微博账号进行互动的功能即为@功能。运营人员在写作微博内容时，可输入"@"符号，选择最近@的人或输入需@的微博账号。使用该功能时，最好选择知名人物、媒体等具有影响力的微博账号，以便借助其影响力扩大内容的传播范围。

- **借势**：运营人员根据当下发生的热点事件、重大节日、社会潮流等创作微博内容，可以借助这些事件本身的影响力迅速吸引用户的注意力，有效扩大内容的影响范围。

6.3.2　写作短微博

短微博的篇幅一般较短，内容也比较随意，不要求特定的内容与格式，可以是随笔感悟，也可以是整理归纳等。短微博主要有纯文字和图文结合两种类型。

- **纯文字的短微博**：纯文字的短微博主要以文字来吸引用户，在情感表达、态度主张、经验分享等内容中较为常见。

- **图文结合的短微博**：与纯文字的短微博相比，图文结合的短微博更加符合用户的阅读特性。图文结合的短微博，图片一般用于补充，或强调、说明文字。产品上新、活动开展、购物测评、话题讨论等内容一般多采用这种形式。

需要注意的是，短微博超过 140 个字的部分会被折叠起来，因此短微博的篇幅以 140 个字以内为宜。另外，为增强短微博内容的视觉吸引力和阅读舒适度，运营人员还可以在适当位置换行，并插入合适的表情符号和标点符号。

写作短微博的方法较为简单，运营人员选择好短微博类型后，就可以在写作页面进行写作。下面写作并发布一篇关于牛奶的图文结合的短微博，具体操作步骤如下。

微课视频

写作并发布
短微博

步骤01 准备发布短微博。打开微博 App，点击首页右上角的 ⊕ 按钮，在打开的下拉列表中点击"写微博"选项，如图 6-16 所示。

步骤02 写作短微博。在打开的"发微博"界面中输入内容，然后点击"图片"按钮。在打开的界面中选择图片，然后点击 下一步(1) 按钮，进入图片编辑界面，编辑后继续点击 下一步 按钮，返回"发微博"界面，写作好的短微博内容如图 6-17 所示。

步骤03 发布短微博。确认写作好的微博内容和图片无误后，点击右上角的 发送 按钮就能将内容发布到微博中。

图 6-16　点击"写微博"选项　　图 6-17　写作好的短微博内容

6.3.3 写作头条文章

头条文章是微博打造的长文产品，篇幅一般较长，最多可输入 10 万字，通常需要用户花费较多的时间和精力去阅读。头条文章包含的元素较多，主要由标题、导语、正文、封面图 4 个部分组成。

- **标题**：头条文章的标题需要鲜明、引人入胜且能够准确反映文章主题。运营人员在写作文章标题时，可以提取正文关键词，然后通过设置悬念或提出问题等吸引用户阅读文章正文。
- **导语**：导语应该简洁明了地概括文章的核心内容，引导用户继续阅读正文。
- **正文**：正文应当是有价值的内容，且要与文案主题相呼应。运营人员在撰写正文时，可以将正文分为开头、主体和结尾 3 个部分。正文可以采用总分总、时间顺序、递进式等结构进行写作，确保层次分明、结构清晰。
- **封面图**：封面图应选择与内容相关的图片，确保图片清晰、美观、有吸引力。

下面为某品牌的牛奶写作一篇头条文章，通过讲述牛奶的种类、饮用时间选择、饮用注意事项等内容，吸引用户的注意力。其具体操作步骤如下。

步骤 01 ▷ 写作文章标题。标题应反映文章主题，且具有一定吸引力，能够激发用户的阅读兴趣。这里通过提问的方式制造悬念，激发用户的好奇心，如"揭秘！一杯牛奶背后的健康密码：你真的喝对了吗？"

步骤 02 ▷ 写作文章导语。导语应用简洁的语言概述文章的主要内容，吸引用户继续阅读正文，如"牛奶，日常生活中常见的营养饮品，却隐藏着许多鲜为人知的健康秘密。"

步骤 03 ▷ 构思正文写作思路。文章正文分为开头、主体和结尾 3 个部分，采用引入—展开—总结的方式阐述牛奶的奥秘，如开头进一步阐述牛奶作为营养饮品的重要性，并指出大众在牛奶选择和饮用上存在的误区，明确文章的论述方向；主体部分按照逻辑顺序，依次介绍牛奶的种类区别、适宜饮用的时间、与其他食物的搭配注意事项等具体内容；结尾部分简单总结全文，倡导用户在了解牛奶营养价值的基础上科学合理地饮用牛奶，使生活更健康。

步骤 04 ▷ 写作头条文章。按照以上写作思路，写作头条文章（配套资源:\效果\第 6 章\牛奶头条文章.docx）。

步骤 05 ▷ 准备发布头条文章。写作好头条文章后，进入"发微博"界面，点击 ⊕ 按钮，向上滑动面板，然后点击"头条文章"选项，如图 6-18 所示。

步骤 06 ▷ 发布头条文章。打开"编辑头条文章"界面，依次输入标题、正文，设置封面图（配套资源:\素材\第 6 章\牛奶.png），输入导语等，如图 6-19 所示，完成后点击 下一步 按钮预览文章的发布效果，然后点击 完成 按钮完成头条文章的发布，并等待系统审核。

图 6-18　点击"头条文章"选项

图 6-19　编辑头条文章

 课堂活动

（1）在微博搜索蜜雪冰城官方微博，浏览该品牌的微博内容，分析其微博内容的特点。

（2）任意选择其中一条微博内容，分析其运用了哪些写作技巧。

素养课堂

运营人员在写作和发布微博内容时，应遵守国家法律法规和平台规则，不发布违反法律法规的内容，包括但不限于政治敏感、淫秽色情、侮辱他人等内容。

6.4　微博活动运营

微博活动运营是微博运营的重要组成部分。一次成功的微博活动运营，不仅能够有效地推广产品或服务，还能显著地提升粉丝忠诚度和品牌曝光度。

6.4.1　微博活动的运营策略

灵活使用多种运营策略，可以最大程度地提升微博活动的吸引力，确保微博活动取得良好的运营效果。

1. 与其他博主合作

与其他博主合作是扩大活动影响力和提高用户参与度的有效方式。合作方式可以是共同推广、互动转发或联合举办等。此外，运营人员在选择合作博主时，还应注重其粉丝数量、活跃度、内容质量等因素，确保合作能够带来积极的效果。

2. 制定奖励机制

设计有吸引力的奖励机制可以激励用户积极参与活动，奖励方式可以是实物奖品、优惠券、积分等，必要时可以选择多种奖励方式，以便在给予用户利益的基础上促使用户点赞、评论和分享。在活动期间，运营人员还可以及时公布获奖者名单，增强用户的信任感和参与热情。

3. 丰富活动形式

多样化的活动形式既可以体现活动的丰富性，又可以吸引不同类型的用户参与活动。例如，在活动的不同阶段，可以分别设置话题讨论、投票、抽奖、答题等多种形式的活动，激发不同用户的兴趣，并带给用户一定的新颖感。

4. 规划活动时间

规划活动时间，一般需要考虑目标用户的在线时间和活跃时间段，选择在用户活跃度较高的时间发布活动内容，以提高活动的曝光度和用户参与度。同时，运营人员也要合理安排活动开始、高潮和结束的时间点，确保活动效果最大化。

5. 使用运营工具

使用专业的运营工具可以提高活动运营的效率和效果。微博平台内部提供多种运营工具，可以为运营人员开展活动运营提供帮助。常见的微博运营工具主要有以下4种。

- **粉丝服务平台**：可设置私信自动回复、评论自动回复等，有助于提高互动效率。
- **微博数据助手**：提供微博账号粉丝数据、微博内容、互动数据等的数据分析功能，可帮助运营人员更好地了解微博账号，制订更合理的运营策略。
- **微博小秘书**：微博的官方账号，每日提供微博热点信息，包括平台活动信息，可以帮助运营人员选择合适的热点开展微博活动运营。
- **微报告**：基于微博数据，提供企业、用户的数据分析报告，可以帮助运营人员了解微博活动运营环境，掌握微博变化趋势。

6.4.2 开展线上微博活动

线上微博活动的类型较多，常见的有抽奖、话题讨论、有奖征集/问答/竞猜和投票活动等。

1. 开展抽奖活动

抽奖是较为常见的线上微博活动类型，常用于新品推广、线下活动宣传、营销信息扩散等，以达到吸引用户注意力、增加阅读量和粉丝数量的目的，进而扩大品牌的影响力。在开展抽奖活动前，运营人员需要明确活动的参与方式、活动奖品和活动时间等。

（1）明确参与方式

微博抽奖活动的参与方式一般是转发、评论或点赞，具体设置时，运营人员还可以进一步限制用户的参与条件，如设置关注、@ 好友（最多 3 位）、关键词筛选以及同时关注他人（最多支持 1 人）等。为方便用户参与抽奖活动，参与方式应该简单明了，并且易于操作。图 6-20 所示为参与条件为转发 +@ 好友的抽奖活动。

（2）确定活动奖品

微博抽奖活动的奖品主要分为实物奖品和现金两种。运营人员选择奖品时，要考虑用户的喜好和需求，确保奖品具有吸引力，能够激发用户的参与积极性。通常情况下应选择品牌产品作为活动奖品，以更好地推广产品，提高品牌知名度。图 6-21 所示为将品牌产品作为活动奖品的抽奖活动。

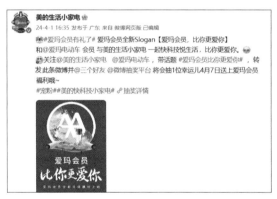

图 6-20　参与条件为转发 +@ 好友的抽奖活动

图 6-21　将品牌产品作为活动奖品的抽奖活动

（3）设置开奖时间

合理设置开奖时间可以保持活动的热度。开奖时间和活动开始时间的间隔不宜过长，以免消耗用户的参与热情。运营人员设置开奖时间时，也应该为用户预留足够的时间参与抽奖，确保尽可能多的用户有机会参与抽奖活动。

2. 开展话题讨论活动

话题讨论是指运营人员借助已有的热门话题，或自行创建微博话题来引起用户讨论的活动形式。在开展话题讨论活动前，需要先选择合适的话题类型。

（1）选择话题类型

合适的话题类型可以充分激发用户的讨论热情。根据活动的运营需要，运营人员可以选择热门话题或自行创建话题。

- **选择热门话题**：热门话题通常具有较高的关注度和讨论度，运营人员具体选择时，可先在微博热搜榜、微博话题榜、实况热聊中查看话题的实时排名，选择与账号定位、产品或服务相契合的话题，并选择合适的角度切入。

- **自行创建话题**：运营人员自行创建话题可以更好地控制话题的方向和内容，确保与活动主题高度一致。运营人员在创建这类话题时，首先需要深入剖析活动内容，发掘能够触动用户情感、激发讨论欲望的元素，然后围绕用户的兴趣点创造话题。例如，图6-22所示为纯甄围绕自行创建的微博话题＃好剧不断纯甄相伴＃发布的微博内容，该话题借助用户对某热播剧的关注，吸引用户参与话题讨论。

图6-22　开展话题讨论活动

（2）发布话题讨论

选择好微博话题后，运营人员可以在微博内容的发布页面单击"话题"选项，然后在给出的话题示例中输入热门话题或自行创建的话题，完成话题的输入后即可围绕话题发表相关的内容，并引导用户参与讨论。

3．开展有奖征集／问答／竞猜活动

有奖征集／问答／竞猜活动都是通过奖品来刺激用户参与活动的，以达到既定的运营目的，只是具体的实施方式不同。

- **有奖征集**：即提供奖品来激励用户发布故事、照片、视频等形式的内容，并在活动结束后，根据内容质量决定中奖者的活动形式。在开展这类活动前，运营人员需要设定有吸引力的奖励，然后明确征集规则、截止日期、评判标准等，保证活动的公开、公平和公正。图 6-23 所示为某品牌开展的有奖征集活动。

- **有奖问答**：即向用户提出问题，根据要求答对问题者可获得奖品的活动形式。这种活动形式既能使用户增加对品牌或产品的了解，也能通过互动提升用户的参与感和忠诚度。运营人员开展这类活动时，要设计有趣且具有挑战性的问题，确保问题既能吸引用户兴趣，又能体现品牌或产品的特点。

- **有奖竞猜**：即设置相关问题，然后提供奖品，从而让用户参与竞猜的一种活动形式。运营人员开展这类活动时，应注意设置合理的竞猜时间和开奖时间，以保持活动的时效性和悬念感。图 6-24 所示为某品牌开展的有奖竞猜活动。

4. 开展投票活动

投票活动即通过设立选项吸引用户进行投票讨论。投票活动较为简单，运营人员一般需要先明确投票活动的主题，如了解用户对某个新产品的看法。其次，运营人员需要制订明确的参与规则，如明确投票时间、投票方式和投票限制等。要确保投票活动的参与度，运营人员同样可以制订适当的奖励机制。图 6-25 所示为某品牌开展的投票活动。

图 6-23　有奖征集活动

图 6-24　有奖竞猜活动

图 6-25　投票活动

6.4.3　开展线下微博活动

线下分享会、线下见面活动、线下品牌活动、线下演讲、线下培训等都是比较常见的线下微博活动。与线上活动相比，线下活动针对的地域、人群会更加精准，获取的用户信息会更加地真实可靠，也可以做到和用户面对面交流、互动。

线下微博活动根据活动规模的大小，会有不同的组织难度，因此，为了保证活动的顺利开展，必须有一个清晰完整的活动策划方案，方便运营人员更好地把控活动全局。

1．活动计划

活动计划是指对活动的具体安排，主要内容包括活动的团队名单、任务分配、宣传方式、报名方式、活动名称、活动主题、活动目的、活动日期、活动地点、参与人员、活动嘉宾、活动流程、费用、奖品、合影以及后续推广等。为了更好地把控活动全程，运营人员在制订活动策划方案时，还需要制作一个活动全程的进度表，如活动总共有几个阶段，每个阶段的主要内容是什么，在什么时间节点进行什么环节工作等。

2．团队分工

通常活动的类型、目的不同，线下活动的内容和流程就会不一样，其分工也不一样。一般来说，微博线下活动的人员分工主要如下。

- **策划统筹**：负责制订活动策划方案，把控活动方向，统筹活动安排等。
- **宣传推广**：在确定活动信息后，需要组织线上管理人员推广活动，如参与人员报名安排、活动海报设计和发布、邀请媒体等。
- **对外联系**：负责筛选和洽谈活动场地、活动设备，邀请活动嘉宾，确认活动场地和设备正常无误、活动嘉宾的邀约和分享文稿无误。
- **活动支持**：在活动现场帮助活动举办的人员，包括活动接待、签到管理、设备管理、摄影人员、主持人等。
- **总结复盘**：总结和反馈活动的效果，生成复盘报告，为下一次的线下活动总结经验。

案例分析　　　　　**淘宝"家乡宝贝请上车"**

2024 年 2 月 15 日，微博账号 @万能的淘宝发布了一条微博。其以文字和视频的形式，宣布淘宝联合阿里巴巴公益、中国乡村发展基金会，共同发起"家乡宝贝请上车"助农公益活动，如图 6-26 所示。

这则微博的文字内容抓住年轻人返工的时间节点，展现了"无论多大的后备箱，返程时都会装满一整个家乡"的现实场景。视频通过"淘宝邀请你向全中国种草你的家乡宝贝"体现"家乡宝贝请上车"的主题，引导用户积极推荐全国各地的农产品及地方特色产品。此外，该微博账号还创建了 #家乡宝贝请上车# 微博话题，通过提供有吸引力的奖品促进用户的点赞和转发行为。

随后，淘宝发布了 34 张地域海报合集。海报展现了全国各地的家乡宝贝装满后备箱的画面，并通过文案充分体现了各地农产品的特色，如图 6-27 所示。接着，@万能的淘宝微博账号又发布多条引流短微博文案，不断号召用户分享家乡宝贝，还顺势引导用户上淘宝搜索"家乡宝贝请上车"，助力家乡落地 100 万元助农公益项目，成功实现引流，如图 6-28 所示。

截至统计日，微博话题＃家乡宝贝请上车＃的阅读量达 21.3 亿，讨论量达 23.3 万，获得了极高的影响力。通过此次微博营销活动，淘宝不仅提升了自身的品牌形象，还助力了农产品的销售。

图 6-26　微博内容

图 6-27　地方特产海报

图 6-28　引流短微博文案

案例点评："家乡宝贝请上车"助农公益活动是一次极具创意和影响力的营销活动。该活动巧妙利用年轻人的返工时间节点，通过视频和文案触动用户对家乡的浓厚情感，并借助微博话题互动与奖励机制有效推动了活动的传播扩散。此外，淘宝推出的地域特色农产品海报合集更是生动展现了各地产品的独特魅力。此次活动不仅强化了淘宝的品牌形象，彰显了淘宝的社会责任感，还促进了农产品销售，实现商业利益与社会价值的双赢。

课堂活动

春节临近，假如你是某旅游公司的运营人员，请在微博上发起一场有奖征集活动，奖品为价值 5580 元的旅游套餐。

6.5　课堂实训

实训 1　为零食品牌写作短微博文案

某零食品牌近期推出了新品——话梅味瓜子。新品选用上等西瓜子，颗颗饱满，果仁厚实、香脆，一嗑就开，完美融合话梅的酸甜与瓜子的咸香，还采用独立小包装，一份有 21 小袋。为提前预热新品，该品牌决定先发布一条预热文案。运营人员关注到电视剧《南来北往》的关注度和讨论度较高，便打算借助其热度写作文案，并自行创建微博话题进行预热。

1. 实训要求

（1）文案须体现新品特点。

（2）创建与新品相关的话题。

2. 实训步骤

步骤 01 ◆ 确定短微博类型。为让用户直观地了解新品，这里选择图文结合的短微博类型。

步骤 02 ◆ 创建新话题。根据产品特点，并结合时下热点或用户兴趣点创建话题。这里选择用户当下感兴趣的电视剧《南来北往》。电视剧《南来北往》主要讲述发生在火车上的一系列事件，考虑到瓜子是用户坐火车时常吃的休闲零食之一，因此可结合产品特点创建微博话题，如"# 南来北往嗑不停 #"，引导用户参与话题讨论。

步骤 03 ◆ 设置新话题。在微博 App 主界面点击●按钮，在打开的列表中点击"写微博"选项，进入"发微博"界面。点击#按钮，在打开界面顶部的文本框中输入"南来北往嗑不停"，如图 6-29 所示。点击该话题，"发微博"界面中将自动显示该话题。

步骤 04 ◆ 写作文案开头。本条微博文案的主要目的是预热新品，提高新品的关注度。因此，为快速吸引用户的关注，直接在文案开头结合电视剧《南来北往》表明新品上市的消息。例如，"追剧《南来北往》，列车上的故事一波三折，是不是让你欲罢不能？长途漫漫，怎能少了那一份边看边嗑的乐趣？正好，咱们家的话梅味瓜子即将闪亮登场啦！"

步骤 05 ◆ 写作文案正文。为让用户了解新品，需要介绍新品，突出新品的特色，激发用户的购买欲望。例如，"选材上乘：每一颗都是精选，饱满圆润，果仁厚实，只为给您优质的口感！独特风味：融合话梅的酸甜与瓜子的咸香，一试难忘，回味甘甜，让人欲罢不能！便捷设计：独立小包装，轻巧便携，随时随地，一嗑即开，尽享美味！袋袋计较：一份瓜子，21 小袋，口口都是惊喜，袋袋都是满足！"

步骤 06 ◆ 写作文案结尾。为扩大文案的影响范围，提升新品的关注度，在文案结尾发起号召，实现有效预热。例如，"即日起，诚邀各位零食控、美食达人一起参与 # 南来北往嗑不停 # 话题讨论活动，分享你在旅途中的味蕾奇遇！"

步骤 07 ◆ 美化短微博文案。写好短微博文案后，在适当位置换行和插入表情符号，进行文案的美化，效果如图 6-30 所示。

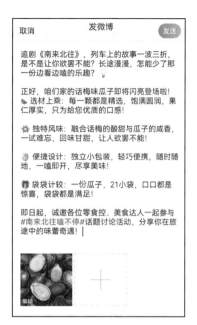

图 6-29　输入新话题　　　　　图 6-30　短微博文案效果

实训 2　为零食品牌发起抽奖活动

新品话梅味瓜子售出一段时间后，该零食品牌想要了解用户对新品的反馈意见，以便做出相应改进。为获取较多的反馈意见，该零食品牌决定开展一次线上抽奖活动，活动时间为 3 月 1 日 12:00—3 月 8 日 12:00，开奖时间为 3 月 8 日 12:10。

1. 实训要求

（1）选择合适的抽奖活动类型。

（2）确定有吸引力的奖品。

2. 实训步骤

步骤 01 ▶选择抽奖活动类型。根据背景材料可知，该品牌开展抽奖活动的目的是了解用户对新品的反馈意见，因此这里设置参与条件为评论该条微博。

步骤 02 ▶确定抽奖活动奖品。活动奖品需具备一定的吸引力和实用性，这里直接选择新品话梅味瓜子作为活动奖品，进一步促进新品的宣传和销售。

步骤 03 ▶确定抽奖时间。根据背景材料可知，抽奖时间为 3 月 1 日 12:00—3 月 8 日 12:00，开奖时间为 3 月 8 日 12:10。

步骤 04 ▶写作抽奖活动文案。根据以上思路写作抽奖活动文案，如"亲爱的美食达人们，你们的声音我们听到了！我们深知每一口用心品尝的背后都藏着无比重要的声音。为此，我们诚挚地邀请你们，在 3 月 1 日 12:00—3 月 8 日 12:00 期间，于该条微博下方的评论区分享你对话梅味瓜子的真实感受和意见。无论是口感、包装还是其他方面的建议，我们都期待并欢迎！每一条评论都是对我们的支持与鼓励！作为感谢，3月8日12:10，我们将随机抽取多位热心留言的幸运儿，送上新品话梅味瓜子一份！快来参与吧！"

步骤05 ◑ 准备抽奖。在"发微博"界面输入文案后发布。点击"我"选项，点击"创作中心"选项，打开"创作者中心"界面，在"服务工具"栏中点击"查看更多"选项，展开所有服务工具，在"互动工具"栏中点击"抽奖平台"选项，如图6-31所示。

步骤06 ◑ 设置抽奖活动详情。打开"微博抽奖平台"界面，点击 创建转发抽奖 按钮，打开"抽奖设置"界面，点击 + 选择微博 按钮选择微博，然后点击 + 添加奖品 按钮打开"奖品设置"界面，依次添加奖品，设置奖品类型、奖品名称、奖品价值和中奖人数，设置完成后点击 确定 按钮，如图6-32所示。

步骤07 ◑ 发起抽奖活动。在"基本参与条件"栏中分别设置参与方式、是否关注和定时抽奖时间等，设置完成后，选中"已阅读并同意《有奖活动管理规范》"复选框，点击 发起抽奖 按钮，如图6-33所示，打开"抽奖详情"对话框，再次点击 发起抽奖 按钮发起抽奖。

图6-31 点击"抽奖平台"选项

图6-32 奖品设置

图6-33 设置抽奖详情

6.6 课后练习

好时是一家专注于生产高品质巧克力的品牌，秉持着对原材料和工艺的极致追求理念，力求为用户带来独特而纯粹的巧克力体验。近日，该品牌上新了一款巧克力——醇萃榛果巧克力。该款巧克力甄选优质可可豆和原粒榛果，最外层是黑巧克力颗粒和榛果碎粒，第 3 层是细腻柔滑的巧克力浆，第 2 层是威化饼，共同包裹着一整颗榛果，味道丰富、层次鲜明。新品有浓郁黑巧克力、蓝莓黑巧克力两种口味，每块巧克力约重 35 克，采用精美独立包装（配套资源 :\ 素材 \ 第 6 章 \ 巧克力 .png）。

1．为巧克力品牌注册微博账号，并为其设置昵称、头像（配套资源 :\ 素材 \ 第 6 章 \ 头像 .png）和简介。

2．在新注册的微博账号中发布一条介绍新款巧克力的短微博。

3．根据新品策划一个话题讨论活动，并写作活动微博文案。

第7章
短视频运营与推广

随着新媒体行业和移动互联网技术的快速发展，以及信息碎片化的趋势不断加剧，短视频凭借其直观生动的表现方式、传播速度快、互动性强等优势为企业开展运营与推广提供了新的空间。

学习目标

- 熟悉短视频的特点、分类和常见短视频平台。
- 掌握定位短视频内容的方法。
- 掌握短视频拍摄与制作的方法
- 掌握短视频的推广策略。
- 掌握打造短视频矩阵的方法。

素养目标

- 树立自主学习意识，提高短视频拍摄和制作水平。
- 增强社会责任意识，创作和传播积极、健康的短视频内容。

7.1　短视频的基础知识

短视频是目前较为流行的内容表现形式，时长通常在几秒到几分钟之间。相较于传统视频，短视频更能满足用户快速获取信息的需求。

7.1.1　短视频的特点

短视频的感染力强、形式多样，相较于传统视频主要有以下 5 个特点。

- **时长短**：短视频的首要特点就是时长短，这种短时长使得用户可以在短时间内快速获取信息，适应现代用户快节奏的生活方式。
- **传播速度快**：短视频主要在新媒体平台上传播，很容易得到迅速扩散和传播。当短视频上传至某一新媒体平台后，用户便可以通过转发等方式将短视频分享到微信、微博等各个平台，实现病毒式传播。

- **内容精练**：由于时长限制，短视频需要在有限的时间内传达核心信息，这就要求内容高度精练，以便吸引用户注意。
- **互动性强**：大多数短视频平台提供了丰富的互动功能，如点赞、评论、分享、转发等，使用户不仅可以针对短视频内容发表看法，还可以与创作者或其他用户进行互动，在增强用户参与感的同时，为创作者提供与用户互动和建立联系的机会。
- **门槛低、易制作**：随着智能手机和各种短视频剪辑软件的普及，短视频的制作门槛降低，用户能轻松拍摄和剪辑短视频，分享自己的生活和见解。

课堂讨论

（1）你经常观看短视频吗？常用的短视频平台有哪些？

（2）你喜欢观看哪种类型的短视频？为什么？

7.1.2　短视频的分类

由于短视频的时长一般较短，所以其既可以单独成片，又可以成系列片形式。短视频可以按照内容和生产方式的不同进行分类。

1. 按照短视频的内容进行分类

按照短视频的内容进行分类，可以分为以下 9 种类型。

- **旅游类**：这类短视频的内容以分享旅途见闻、旅游攻略、景点介绍等为主，一经发布就能快速吸引用户眼球，获得较高的关注度。
- **美食类**：这类短视频的内容以分享美食探店、美食制作等与美食有关的信息为主，能够快速吸引美食爱好者、喜欢和擅长烹饪的用户的关注。
- **趣闻类**：这类短视频的内容以分享有趣事件、搞笑言论、搞笑情景剧等为主，覆盖范围广，用户群体广泛。
- **情感类**：这类短视频的内容以传递正能量为主，包括分享见义勇为、乐于助人、甘于奉献的人物或事件等，或者分享情感话题，如友谊、亲情、爱情等。这类短视频很容易引发用户的情感共鸣，并促进传播。
- **才艺类**：这类短视频的内容以分享如唱歌、跳舞、器乐演奏等才艺表演为主，用户覆盖面广，不过对表演者的要求高，表演者需要具备较高的专业水平。
- **儿童 / 萌宠类**：这类短视频的内容以孩子或宠物的日常生活片段为主，用户面较广，更容易获得普通用户的关注。

- **实用知识类**：这类短视频的内容以分享各类实用教程、资源集合、生活技巧、职场技巧等为主，更注重实用性，能够快速触发用户的收藏与转发行为。
- **开箱测评类**：这类短视频的内容通常是视频中人员从拆开快递包裹开始，逐步展示产品外观，介绍产品特点，简单试用产品并对产品做出评价，主要帮助用户了解产品的真实情况。
- **产品展示类**：这类短视频的内容通常以展示产品的整体外观、设计风格、实用功能和特色为主，以吸引用户的关注，激发用户的购买需求。

2. 按照短视频的生产方式进行分类

按照短视频的生产方式进行分类，短视频可以分为 UGC（User Generated Content，用户生成内容）、PUGC（Professional User Generated Content，专业用户生成内容）和 PGC（Professional Generated Content，专业生成内容）3 种类型。

- **UGC**：指平台普通用户（非专业用户）自主创作并上传的内容。此类型短视频制作简单，且成本较低，具有较强的社交属性，但是商业价值较低。
- **PUGC**：指由平台的专业用户创作并上传的内容。这种类型短视频的制作成本也比较低，往往有一定的人气基础，具有较强的社交属性和媒体属性，商业价值较高。
- **PGC**：指由专业团队或机构创作并上传的内容。这种类型短视频的制作成本较高，专业性和技术性也较高，具有很强的媒体属性，主要靠内容盈利，商业价值较高。

7.1.3　常见短视频平台

目前常见的短视频平台主要有抖音、快手和哔哩哔哩等。这些短视频平台各有特色，涵盖了不同的用户群体和内容类型。

1. 抖音

抖音是一款音乐创意短视频社交软件，定位为"年轻、潮流"，是目前较为热门的短视频平台。

（1）平台特点

抖音聚集了大量的年轻用户群体，内容类型以潮流、娱乐、生活分享为主，主要具有以下特点。

- **互动性强**：抖音会定期推出不同的视频标签、视频特效和话题活动等，引导用户积极参与。这种互动活动容易激发用户的创作灵感，吸引大规模的用户参与。

- **营销功能丰富**：抖音的营销功能丰富，企业可以通过短视频的话题和活动等方式进行场景化营销和病毒式传播，从而达到更好的运营效果。
- **精准推送**：抖音以其强大的智能推荐算法，可以根据用户的观看行为、喜好标签等快速匹配个性化内容，实现精准推送。

（2）平台用户偏好

根据巨量算数的数据，抖音用户主要为 19～40 岁的女性用户，这类用户偏向于观看泛生活和泛娱乐内容。《2023 内容产业年度报告》显示，在抖音中，泛生活和泛娱乐类的账号更容易涨粉。其中，涨粉较多的账号类别为生活类、时尚类、美食类、剧情演绎类、音乐类。此外，影视综艺类、健身类等优质内容也受到越来越多用户的青睐。

2. 快手

快手同样是短视频平台的代表之一，服务于广泛的年龄层次用户。

（1）平台特点

快手倾向于展示生活百态，内容更加亲民和本土化，主要具有以下特点。

- **以用户为中心且用户平等**：快手的产品逻辑是给每位创作者公平的曝光机会。在这种机制下，整个平台的短视频内容非常多样化。并且普通用户更喜欢分享日常生活，愿意主动点赞、评论短视频，互动率高，且黏性较强。
- **渗透下沉市场**：快手的用户群体主要集中在三线及以下城市，符合下沉市场（三线及以下城市、县镇、农村地区的市场）的用户特点。快手在下沉市场中有着较高的渗透率，更容易实现营销转化。

（2）平台用户偏好

根据《2023 快手用户价值分享》显示，快手的用户以女性用户为主，年龄多在 31～50 岁，这类用户在浏览内容时，更偏向于浏览与美妆、才艺、时尚穿搭、母婴、亲子萌娃、健康等相关的内容。另外，51 岁以上用户的占比也较大，这类用户在浏览内容时，更偏向于美食、健康、宠物萌宠、时尚穿搭、旅游等相关的内容。

3. 哔哩哔哩

哔哩哔哩简称 B 站，是一个年轻人高度聚集的、涵盖多个兴趣圈层的多元文化社区和视频分享平台。哔哩哔哩的用户群体年轻化特征明显，主要以"90 后"和"00 后"为主，用户群体的文化程度普遍较高，有着较强的创新意识和创造能力。

哔哩哔哩有较为独特的弹幕文化和高质量的原创内容，内容多为动画、漫画和游戏等，同时涵盖了科技、教育、时尚、影视等多个领域的内容，兼具学习与娱乐属性。

7.2 短视频的创作

短视频的质量直接影响短视频的运营效果。要创作出高质量的短视频，需要通过合理的内容定位来策划短视频，再结合精细化的内容制作和后期剪辑来实现。

7.2.1 定位短视频内容

在策划短视频内容前，运营人员需要先进行短视频的内容定位，以便明确短视频的整体基调，可以从以下 3 个方面入手。

1. 行业定位

行业定位是指根据要推广的品牌所属的行业来确定短视频的内容，如美妆品牌的短视频内容应该定位到美容护肤领域。另外，运营人员在进行行业定位时，可以借鉴竞争者的运营方法，并分析自身产品与竞争者之间的差异，找出自身的优势再加以体现。例如，某护肤品牌在短视频中强调产品的绿色环保包装，传达环保理念。

2. 人群定位

人群定位是指根据品牌主要消费人群的喜好来确定短视频的内容。例如，母婴品牌的用户主要是年轻妈妈，她们更加关心孩子健康、教育及产后调理等方面的问题。因此短视频内容可以与婴幼儿相关，如小孩的日常生活片段、幼儿教育、婴儿食谱，也可以是产后身材恢复、身体调理等。

3. 产品定位

产品定位是指通过分析自身产品的特点来选择合适的表现方式。例如，服饰鞋包类产品，可以将内容定位为日常穿搭；数码类产品，可以选择以开箱测评类的方式来呈现内容；知识付费、课件教程等虚拟产品，由于没有实体，则可以通过展示、讲解知识的方式来体现。

7.2.2 写作短视频脚本

短视频的脚本主要用于展现内容的整体制作方向。一个优质的短视频离不开用心的脚本策划。短视频脚本主要分为提纲脚本、文学脚本和分镜头脚本 3 种。

1. 提纲脚本

短视频的提纲脚本，主要包括提纲要点和要点内容两大部分，具体包括选题、视角、景观、画面等。提纲脚本对拍摄有一定的提示作用，适用于一些不容易提前掌握或预测的内容，常用于新闻类、旅行类短视频制作。运营人员在写作提纲脚本时，首先要明确短视频的主题，其次根据主题列出短视频的主要部分，并简单描述每部分的核心内容，最后将这些部分按照逻辑顺序排列并细化，形成完整、清晰的内容框架。表 7-1 所示为提纲脚本示例。

表 7-1　提纲脚本示例

提纲要点	要点内容
选题	体验东北早市
早市特色美食	（1）早市全貌（全景、中景为主）； （2）早市售卖的饼、油炸糕、大油条、老式麻花、馒头、红肠、豆浆、豆腐脑、大碴粥等特色美食（近景和特写为主）
早市特色农产品	丹东草莓、核桃等特色农产品（近景和特写为主）
人情交流	与摊贩正常的购物交流、美食评价、农产品价格／形状／颜色或味道等评价（近景和特写为主）

2. 文学脚本

文学脚本是将各种小说或故事进行改编，以方便用镜头语言来完成制作的一种脚本形式。运营人员在写作文学脚本时，不需要像分镜头脚本那样细致，只需要规定人物需要进行的任务、台词、所选用的镜头和短视频的时长。

3. 分镜头脚本

分镜头脚本的要求十分细致，每个画面都要在掌控之中，包括每个镜头的长短和细节。分镜头脚本大多采用表格形式，一般设有镜号、景别、拍摄方式、画面内容、台词／字幕、背景音乐／音效、时长等栏目。

运营人员写作分镜头脚本时，需要根据短视频内容定位和需要表达的情感，选择合适的镜头类型，然后详细描述每个镜头需要呈现的画面内容，包括人物的动作、表情、场景布置及道具等。在此基础上，再细化短视频的其他细节，如背景音乐、时长等。表 7-2 所示为某款粉底液的分镜头脚本示例。

表 7-2　某款粉底液的分镜头脚本示例

镜号	景别	拍摄方式	画面内容	台词／字幕	背景音乐／ 音效	时长
1	近景	推	模特面对镜子，手持粉底液	今天，我要为自己打造一个自然、透亮的妆容	轻柔的钢琴曲	5s
2	特写	跟	粉底液瓶身及品牌标志	选择合适的粉底液，是妆容的关键		3s

续表

镜号	景别	拍摄方式	画面内容	台词／字幕	背景音乐／音效	时长
3	近景	推	模特打开粉底液瓶盖	轻轻一按，即可轻松取粉		4s
4	特写	移	模特按压出部分粉底液			3s
5	近景	跟	模特用化妆刷在脸部涂抹粉底液	质地轻薄，容易推开	轻柔的钢琴曲	4s
6	特写	推	涂抹后的肌肤显得自然透亮	自然通透，细腻服帖		3s
7	中景	拉	模特满意地微笑，欣赏镜中的自己	这就是我想要的效果		4s
8	远景	推	模特走出家门，自信地走在街上	××粉底液，让你的笑容更自信		5s

课堂活动

假设你是美食领域的短视频达人，请策划并写作一个关于你家乡美食的分镜头脚本。

案例分析　　　　　　**蜜雪冰城抹茶冰淇淋宣传短视频**

2024 年 1 月 11 日，蜜雪冰城官方抖音账号发布了主题为"重磅产品 即将回归"的预告短视频。视频展示了用户对该产品的描述语及产品的外观形象，并借助话题标签传递了"世界抹茶源于中国"的重要信息，如图 7-1 所示。1 月 12 日，蜜雪冰城官方抖音账号再次发布预告短视频，画面中蜜雪冰城的 IP 形象雪王手中的权杖变成抹茶冰淇淋的样子，同时展示多款抹茶味新品的上新消息，如图 7-2 所示。1 月 15 日，蜜雪冰城汇总多位"蜜粉"关于抹茶冰淇淋的照片和评论，并宣布抹茶冰淇淋终于回归。1 月 20 日，蜜雪冰城官方抖音账号发布了一则创意短视频。视频再次强调"世界抹茶源于中国"这一信息，如图 7-3 所示。画面中雪王成为视频的主人公，还跟随其他人物一起学习采摘茶叶、制作茶叶的过程。此外，该视频还详细介绍了"抹茶"一词的含义、抹茶的来源、抹茶的制作过程，以及抹茶传播到海外情况等。

随后，蜜雪冰城官方抖音账号发布了抹茶冰淇淋的制作过程、抹茶创意短视频拍摄与制作过程的花絮等一系列抹茶冰淇淋的宣传短视频，带动了抹茶冰淇淋的销售量。

图 7-1　预告短视频 1

图 7-2　预告短视频 2

图 7-3　创意短视频

案例点评：蜜雪冰城通过一系列精心策划的短视频，成功引发用户对抹茶冰淇淋的兴趣与期待。从预告短视频的发布，到 IP 形象雪王的巧妙融入，再到汇总"蜜粉"的反馈和抹茶文化的深度解读，蜜雪冰城利用短视频不仅展示了产品的独特魅力，还传递了中国茶文化的深厚底蕴，赋予了产品文化内涵。同时，创意短视频的拍摄与制作过程的花絮分享，更进一步拉近了与用户的距离，增强了品牌的亲和力。通过这一系列短视频，蜜雪冰城不仅提升了产品的知名度，也有效带动了产品的销量。

7.2.3　拍摄短视频

运营人员策划好短视频内容后，便可以做好充分的拍摄准备工作，进入短视频的拍摄环节。

1. 短视频拍摄的主要设备

短视频拍摄的主要设备有手机、相机和无人机 3 种，它们之间的优势和使用场景有所不同。

- **手机**：手机具有拍摄方便、操作智能、编辑便捷等优势。随着手机摄像头的不断升级，它可以满足大部分拍摄需求，如拍摄产品的细节、记录活动或事件等。
- **相机**：相机是专业性设备，具有更高的像素和更好的图像质量。如果需要制作高品质、专业感强的短视频，如产品宣传片、企业形象宣传片、专业访谈等，选择相机更好。
- **无人机**：无人机具有高清晰、大比例尺、小面积等优点，适合拍摄一些需要高空、远距离、俯视等视角的画面，如企业工厂、物流基地等的航拍展示，可以为视频内容增添新鲜感和震撼力。

2. 短视频拍摄的辅助设备

为实现更好的拍摄效果，通常还需要借助一些辅助设备。

- **稳定设备**：稳定设备能够保持拍摄器材的稳定，以免短视频画面产生抖动。常见的稳定设备主要有三脚架、手持稳定器、滑轨等，前两者在手机和数码相机中应用广泛。
- **灯光设备**：灯光设备可以构建短视频的光影环境，弥补光线的不足，还原画面色彩、增加艺术层次。常见的灯光设备有摄影灯（如 LED 灯、卤素灯等）、便携灯（可直接安装在手机上）、柔光箱（光线柔和，可消除光斑和阴影）、反光板、反光伞等。
- **收音设备**：手机、相机等的收音效果不佳时，可以采用专业的收音设备。短视频拍摄中常见的收音设备有枪式话筒、领夹式话筒等。其中，枪式话筒在户外拍摄时十分实用，可安装在相机上，领夹式话筒可以夹在人身上，十分便携。

3. 短视频的拍摄技巧

运营人员要想拍摄出优质的短视频，还需要深入理解和熟练运用一系列拍摄技巧。

- **稳定拍摄**：在拍摄短视频时，要确保画面的平稳流畅，保证用户良好的观看体验，必要时可以使用三脚架、稳定器等辅助设备来保证画面的清晰稳定。
- **选择合适的光线**：在拍摄短视频时，要尽可能选择光线充足的时段进行拍摄，光线不佳时，可以使用补光灯或反光板来调节光线。
- **变换构图方式**：构图是影响短视频画面效果的重要因素之一。合理使用对称构图、中心构图等经典构图方式可以增强画面的吸引力和视觉效果。
- **变换拍摄方式**：不同的拍摄方式可以展现不同的视觉效果。通过推、拉、摇、移、跟等运镜，可以为短视频增添动感和视觉冲击力。
- **调整拍摄参数**：根据不同的拍摄需求和场景，需要调整拍摄设备的拍摄参数，如快门速度、光圈、感光度等。例如，在拍摄运动场景时，需要使用较快的快门速度来捕捉瞬间。

4. 短视频的拍摄

短视频的拍摄比较简单，运营人员做好一系列的准备工作后，便可按照写好的短视频脚本进行拍摄。例如，某数码品牌在抖音开设了官方账号，主要分享各种数码产品的使用教程和测评。新款手机膜上市后，该品牌打算拍摄一个手机膜的测评短视频，具体操作步骤如下。

步骤 01 ◆ 策划短视频内容。确定短视频的内容为手机膜测评，直接展示测评手机膜的过程。

步骤 02 ◆ 写作短视频脚本。根据短视频内容，确定拍摄的景别、拍摄方式、画面内容和台词等。例如，为确保用户能够看清画面内容，选择以近景为主进行拍摄，然后写作短视频脚本，如表 7-3 所示。

步骤 03 ▶ 设置拍摄参数。根据需要选择合适的拍摄设备，这里选择手机进行拍摄。点击手机中的"相机"，打开相机，点击右上角的"设置"按钮⚙，如图 7-4 所示。在打开的界面中点击"视频分辨率"选项，在打开的面板中点击"[16:9]1080p（推荐）"选项，如图 7-5 所示。点击"视频帧率"选项，在打开的面板中点击"30 fps"选项，如图 7-6 所示。将手机固定在手机落地支架上，调整为横屏拍摄，并固定拍摄角度，对焦至桌面。

表 7-3　手机膜测评短视频的分镜头脚本

镜号	景别	拍摄方式	画面内容	台词 / 字幕	背景音乐 / 音效	时长
1	近景	固定镜头、俯拍	用无尘布擦拭手机屏幕	首先清洁屏幕上的灰尘	轻松的音乐	3s
2	近景	固定镜头、俯拍	撕开手机膜上的保护膜，对准手机屏幕进行贴合	一撕一贴，轻松贴合		6s
3	近景	固定镜头、俯拍	拿出几张旧款手机膜，用新款手机膜敲打旧款手机膜，新款手机膜完好无损	强度升级，无惧碎边		5s
4	近景	固定镜头、俯拍	钢丝球在手机膜上不断摩擦	钻石强化层，耐磨防刮		6s
5	近景	固定镜头、俯拍	白纸覆盖一部分手机屏幕，笔在纸上和手机屏幕上滑动	默克防污层，防油抗指纹		4s
6	近景	固定镜头、俯拍	拿出纸，擦拭笔划过的地方，展示纸上的笔墨	所有污渍一擦便可解决		3s

图 7-4　点击"设置"按钮

图 7-5　设置视频分辨率

图 7-6　设置视频帧率

步骤 04 ▶ 拍摄镜号 1。将演示手机摆放在桌面上，拍摄设备的镜头高于桌面，近景俯拍用无尘布清洁手机屏幕的过程，如图 7-7 所示。

步骤 05 ▶ 拍摄镜号 2。拿出手机膜，撕掉手机膜上的保护膜，并对准手机屏幕进行贴合，如图 7-8 所示。然后使用相同的方法继续拍摄其他镜号。

效果预览

拍摄效果展示

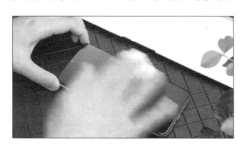

图 7-7　镜号 1　　　　　　　　　　　图 7-8　镜号 2

7.2.4　制作短视频

短视频拍摄完成后，即可对其进行制作。短视频的制作就是指后期处理，包括剪辑，添加特效、转场和字幕等工作。

1. 短视频的制作流程

在制作短视频时，为提高短视频的制作效率，提升短视频的视觉吸引力，可按照以下流程开展工作。

- **剪辑视频**：浏览短视频内容，根据需要去掉多余的片段。

- **添加特效**：合理应用滤镜、动画等特效，丰富短视频内容，吸引用户注意力。在添加特效时，要注意特效应与短视频内容相匹配，同时控制特效的使用数量，以免特效与内容不符或过多，影响用户的观看体验。

- **添加转场**：添加转场，可以使画面之间的过渡更为自然，提高短视频的连贯性。常见的转场效果有溶解、擦除、叠化等，一般不宜使用太过复杂和花哨的转场效果，以免影响内容的呈现效果。

- **添加字幕**：在短视频中添加字幕，可以便于用户理解短视频内容，增强用户的观看体验。在添加字幕时要注意字幕的位置、大小、颜色、字体等。一般而言，字幕的位置应该避免遮挡短视频内容，字体通常以宋体、黑体和楷体为主，确保用户能够轻松阅读并理解字幕内容。

- **选择封面**：封面是用户对短视频的第一印象，选择最具代表性和吸引力的画面作为封面，可以有效提高点击率。封面应与视频内容相关，以便用户对短视频的内容有基本的认知。

2. 使用剪映 App 剪辑短视频

运营人员可以根据短视频的制作需求选择不同的剪辑软件，这里使用剪映 App 剪辑手机膜测评短视频内容，并为其添加字幕、特效等，具体操作步骤如下。

步骤 01 添加短视频。打开剪映 App，在主界面点击"开始创作"按钮 +，在打开的界面中依次点击视频素材（配套资源:\素材\第 7 章\"手机膜测评"文件夹），选中"高清"单选项后，点击 添加(6) 按钮添加视频素材。

步骤 02 删除多余片段。检查导入后的视频素材，发现其中镜号 1 的视频素材过长，因此需删除多余片段。打开剪辑界面，将双指放在时间滑轨上，按住不放，向外滑动放大视频滑轨，移动视频滑轨，使时间线位于 00:02 处。点击"剪辑"按钮，在打开的列表中点击"分割"按钮，点击被分割后的第 2 段视频素材，点击"删除"按钮，如图 7-9 所示。

步骤 03 设置视频转场。点击任意两个视频素材之间的"间隔"按钮，如图 7-10 所示。在打开的列表中点击"叠化"选项，点击"全局应用"选项，然后点击 ✔ 按钮为每段视频素材设置相同的转场，如图 7-11 所示。

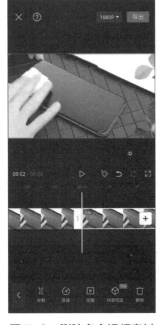

图 7-9　删除多余视频素材　　图 7-10　点击"间隔"按钮　　图 7-11　设置转场

步骤 04 添加滤镜。在界面底部工具栏中点击"滤镜"按钮，如图 7-12 所示，在打开的面板中点击"清晰"选项，如图 7-13 所示，点击 ✔ 按钮应用滤镜。点击"清晰"滤镜素材，拖曳该素材左侧和右侧的控制条至整个短视频的开始和结束位置，如图7-14所示。

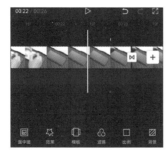

图7-12 点击"滤镜"按钮

图7-13 添加滤镜

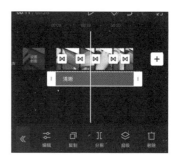

图7-14 调整滤镜

步骤05 ◆添加字幕。依次点击《、《按钮，返回剪辑界面。将时间线位于第1段视频素材起始处，点击"文本"按钮，在打开的界面中点击"新建文本"按钮A+，如图7-15所示。在打开列表的文本框中输入"首先清洁屏幕上的灰尘"文本，如图7-16所示。

步骤06 ◆调整字幕位置和字号。手指按住文本框不放，将其移至画面最下方，点击"样式"选项卡，调整文字字号为"8"，然后点击"确定"按钮，如图7-17所示。保持字幕素材的选中状态，拖曳字幕素材的控制条，使其与第1段视频素材的时长保持一致。使用相同的方法，为镜号2～镜号6视频素材添加字幕素材，时长与各个镜号视频素材的时长保持一致，并调整字幕素材至画面的合适位置。

图7-15 点击"新建文本"按钮

图7-16 输入文本

图7-17 调整文字字号

步骤07 ◆添加背景音乐。依次点击《、《按钮，返回剪辑界面。移动视频滑轨，使时间线位于视频素材起始处，点击"音频"选项，在打开的列表中点击"音乐"按钮，打开

"音乐"界面，在界面上方的搜索框中输入文字"轻快"，在搜索结果中选择合适的背景音乐，依次点击⬇、使用按钮使用背景音乐，如图 7-18 所示。

步骤 08 ◉删除多余背景音乐。点击选中背景音乐素材，将时间线移至视频素材末尾处，点击"分割"按钮Ⅱ，点击"删除"按钮🗑删除后一段多余的背景音乐素材。

步骤 09 ◉调整背景音乐。点击选中背景音乐素材，在界面下方的工具栏中点击"音量"按钮🔊，如图 7-19 所示，调整音量为"50"，点击"确定"按钮✔。接着点击"淡入淡出"按钮Ⅲ，设置淡入、淡出时长为"2s"，如图 7-20 所示。点击"确定"按钮✔，再依次点击《、《按钮，返回剪辑界面。

　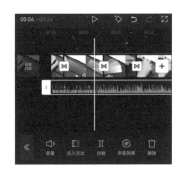　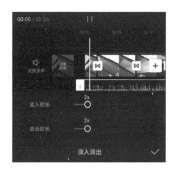

图 7-18　选择背景音乐　　图 7-19　调整音乐音量　　图 7-20　设置淡入淡出

步骤 10 ◉导出短视频。点击界面右上角的 导出 按钮，导出短视频（配套资源：\效果\第 7 章\手机膜测评短视频 .mp4）。

7.3　短视频的推广

除了保证短视频本身的质量，运营人员还可以通过一系列推广策略扩大短视频的传播效果，提高短视频的影响力。

7.3.1　短视频推广策略

要让短视频得到广泛传播，获得更多的流量和曝光度，运营人员需要灵活运用多种有针对性的推广策略。

1. 拓宽推广渠道

除了考虑主流的短视频平台，运营人员还可以考虑将短视频发布到其他新媒体平台，如微博、小红书和微信视频号等。通过多渠道发布短视频来覆盖更多的用户群体，增大短视频的曝光度，扩大短视频的运营效果。此外，运营人员还可以在线下门店、商场大屏等场合播放短视频，吸引更多用户的关注。

2．注重互动体验

运营人员在推广过程中，要注重与用户互动，除了积极引导用户评论、转发、分享和点赞短视频，还可以设置话题讨论、投票调查等互动环节，增加用户的参与感，同时扩大短视频的传播范围。另外，运营人员要及时回复用户的评论和反馈，与用户建立良好的互动关系，也可以提高用户主动传播短视频的意愿，进一步推广短视频。

3．合作推广

合作推广即与其他短视频创作者、知名人物、品牌或机构进行合作，共同推广短视频。通过合作，可以扩大短视频的影响力和传播范围，吸引更多潜在用户。合作推广的方式多种多样，可以是联合制作、互相推荐、品牌合作等。运营人员通过合作，可以实现资源共享、互利共赢，提高短视频的推广效果。

4．利用活动或挑战

运营人员通过策划有趣的活动或挑战邀请用户参与，可以吸引用户参与活动并分享短视频。例如，发起挑战赛、话题讨论、线上抽奖等活动，鼓励用户创作和分享短视频。同时，运营人员还可以与其他品牌合作举办联合活动或挑战，扩大活动的影响力和用户参与度。

5．利用推广工具

短视频平台通常提供一系列推广工具，运营人员合理利用这些工具，可以增大短视频的曝光度和点击率，提高推广效果。

- **DOU+**：DOU+ 是抖音官方推出的付费推广工具。使用 DOU+ 推广的短视频不会有广告标识，不会增加用户的反感。DOU+ 有速推版和定向版两个版本。其中，速推版的设置简单且快速，定向版的设置项目更多，运营人员可以设置目标用户的性别、年龄等，使推送更加精准。

- **快手粉条**：快手粉条是快手官方推出的付费推广工具，用于增大短视频在快手中的曝光度，以快速获取精准用户。快手粉条有速推版和标准版两个版本。其中，速推版支持快速放量，一键式下单，实现低成本快速投放；标准版支持更多投放设置，可以满足涨粉互动、推广门店、预热直播、推广直播、粉丝经营等差异化运营诉求。

7.3.2　打造短视频矩阵

短视频矩阵是指多平台或多账号运营的方式。打造短视频矩阵，可以吸引不同的用户群体，获得更多的流量，达到品牌曝光、产品推广、流量转化等目的。

1. 打造多平台矩阵

多平台矩阵就是在多个平台建立账号，制作内容并发布短视频。运营人员进行多平台运营，需要熟悉多个平台的规则。如果企业资金、人力充足，可以选择打造多平台矩阵。例如，海尔在抖音、微博、小红书、微信等平台都创建有账号并发布短视频。

运营人员打造多平台矩阵，需要先调研和分析各个平台的目标用户，明确平台的目标用户是否与产品的目标用户相切合，如果切合度太低，会影响吸粉效果和营销效果。此外，在不同平台发布的内容要有所差异，具体须根据平台特点和用户偏好来决定。

2. 打造多账号矩阵

如果企业资金、人力有限，可以选择在单个平台进行多账号运营，即在同一个平台中建立多个账号。这种矩阵模式既可以节约成本，又能实现高效运营。

企业打造多账号矩阵，首先要创建多个具有不同功能或特色的账号，如华为建立了华为终端、华为商城和华为数字能源等抖音账号。其次，不同账号应承担不同的内容创作发布职责，可以通过内容的差异化提高内容覆盖面。最后，企业在利用多账号矩阵开展短视频运营时，可以借助主账号的影响力，通过点赞、评论、转发其他子账号的短视频等方式，吸引用户关注其他子账号。

7.3.3　分析短视频数据

短视频数据是评估短视频运营效果的依据，运营人员需要在了解短视频数据的基础上，开展严谨而全面的数据分析工作，为优化短视频运营策略提供支持。

1. 常见的短视频数据

常见的短视频数据可以分为内容数据、用户数据和账号数据，运营人员深入了解这些数据，有助于衡量和评估短视频效果。

- **内容数据**：反映短视频本身的质量和吸引力，具体包括播放量、完播率、点赞量、评论量、转发量和收藏量等。运营人员通过分析内容数据，可以评估短视频的质量、吸引力以及用户喜好，从而指导内容创新和优化。

- **用户数据**：反映用户的特征、兴趣偏好及互动习惯等，如用户活跃时间段、观看频率、停留时长、用户留存率及用户画像等。运营人员了解这些数据，可以更好地了解目标用户的特点和需求，制订更精准的内容策略。

- **账号数据**：反映账号的基本信息、整体运营状况和成长轨迹，包括粉丝数、新增粉丝数、互动率等。分析这些数据可以帮助运营人员评估账号的影响力和受欢迎程度，制订更合理的运营策略，提高账号的知名度和影响力。

2. 分析短视频数据

要制订更有针对性的运营策略，运营人员通常还需要深入分析短视频数据。运营人员可以直接通过短视频平台的后台获取相关数据，或使用飞瓜数据、卡思数据等第三方平台收集并分析数据。

（1）内容数据分析

内容数据可让运营人员了解单条短视频的数据表现，也可帮助运营人员针对发布的全部短视频进行分析。图7-21所示为某运动品牌近30天发布的"种草"短视频的数据情况。

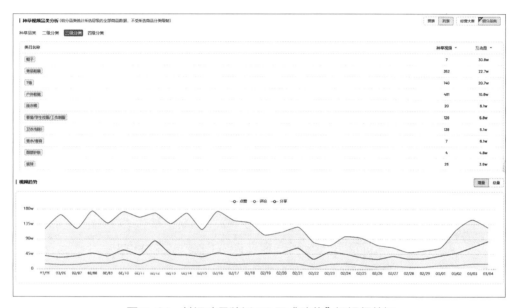

图7-21 某运动品牌近30天"种草"短视频数据

由图7-21可知，该品牌最近30天发布的短视频内容多为户外鞋靴、奢品鞋靴、T恤和卫衣/绒衫等产品的"种草"内容。其中，关于帽子的"种草"短视频的互动量最大，其次是关于奢品鞋靴和T恤的短视频。总体来看，用户对帽子的内容比较感兴趣，互动的积极性也较高。另外，近30天发布的短视频点赞量变化趋势较为明显，数据差值较大，这可能意味着内容的质量和吸引力存在一定的不稳定性。相比之下，评论量和分享量的变化趋势较为平稳，但数量相对较少。因此，运营人员可以增加帽子的相关内容，提高奢品鞋靴和T恤等产品的内容多样性，提高品牌短视频内容的整体质量，并激发用户互动和分享短视频欲望。

（2）用户数据分析

分析用户数据可从用户画像数据和用户行为数据两个方面进行，了解用户的性别分布、年龄分布、地域分布、兴趣爱好、消费习惯和活跃时间分布等。图7-22所示为某运动品牌的部分用户数据。

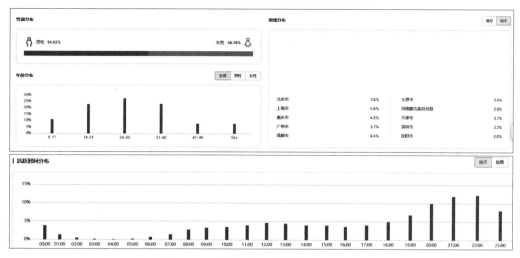

图 7-22　某运动品牌的部分用户数据

由图 7-22 可知，该品牌的用户群体以男性为主，年龄主要为 24 ～ 30 岁，大多居住在一线城市。从用户活跃度来看，他们主要在 19:00 ～ 23:00 这个时间段表现得最为活跃。针对数据分析结果，运营人员可以策划更符合这类用户偏好的短视频内容，并根据实际情况优化短视频内容的发布时间，确保短视频内容获得更多的曝光。

（3）账号数据分析

通过严谨细致的账号数据分析，运营人员能够准确定位账号的优势和短板。图 7-23 所示为某运动品牌的部分账号数据。

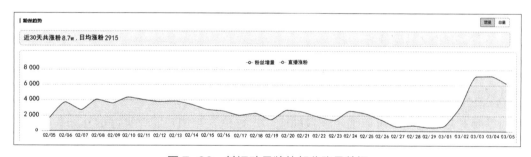

图 7-23　某运动品牌的部分账号数据

由图 7-23 可知，该品牌近 30 天共涨粉 8.7 万，日均涨粉量为 2915，增长的趋势较为明显。其中，2 月 10 日～ 3 月 1 日这段时间的粉丝增长呈波动下降趋势，近一周的粉丝增长呈上升趋势。总体来看，该品牌近 30 天涨粉趋势良好，粉丝数量不断增长。针对数据分析结果，运营人员需要深入分析粉丝增长和下降的原因，并据此调整运营策略。例如，如果近一周粉丝增长的原因是内容质量高，那么可继续制作高质量、有趣、有吸引力的内容，以吸引新粉丝并保持现有粉丝的活跃度。

素养课堂

　　运营人员需要培养对数据的敏感度和洞察力，要善于从复杂的数据中捕捉关键信息，为短视频运营决策提供数据支持。

7.3.4　调整短视频运营策略

　　通过深入分析短视频数据，运营人员可以发现一些常见的问题。这些问题可能会影响短视频的传播效果和用户的观看体验，需要运营人员采取相应的调整措施。

　　1．播放量不足

　　短视频的播放量反映短视频的曝光度。如果短视频的播放量低，可能说明内容不符合用户喜好，标题和封面不够有吸引力，或推广力度不够等。针对这些问题，运营人员需要深入了解目标用户的需求和兴趣点，并据此调整短视频内容；或优化标题与封面设计，简洁明了地传递短视频的核心信息；或考虑拓展推广渠道，开展多平台推广。

　　2．完播率低

　　完播率是指用户观看短视频至结束的比例。如果完播率较低，可能是由于短视频开头未能快速引起用户的注意，或是整体内容缺乏足够的吸引力、实用性或情感共鸣等。针对这些问题，运营人员可以优化短视频开头，在开头给出核心信息，或增加短视频的趣味性和实用性，提高用户的观看兴趣。

　　3．点赞 / 评论 / 转发量低

　　如果点赞 / 评论 / 转发量较低，可能表明短视频内容在引发用户共鸣、激发用户参与和分享短视频方面存在不足。针对这些问题，运营人员可以在短视频中加入互动元素，如提出问题或发起讨论；还可以通过积极回应用户评论，与用户建立良好的互动关系，提高用户点赞 / 评论 / 转发短视频的意愿。

　　4．粉丝增长缓慢

　　粉丝增长缓慢可能意味着短视频的内容质量不高、互动不足，或者缺乏独特性。这些问题会影响用户的兴趣和忠诚度，从而导致粉丝增长缓慢。针对这些问题，运营人员要注重提升短视频内容的创意性和独特性，增加与粉丝的互动频率，及时回应用户的评论和提问，树立有亲和力的品牌形象。另外，运营人员还可以通过展现品牌的特色和风格，打造独特性来吸引用户的关注。

7.4　课堂实训

实训1　拍摄血橙的宣传短视频

近年来，短视频的火热给企业带来全新的营销机遇。一家专注于销售特色农产品的企业敏锐地捕捉到这一点，并计划利用短视频进一步推广其精品血橙，以提高血橙的销量。

1. 实训要求

（1）为血橙撰写短视频脚本，脚本须充分展现血橙的特点。

（2）根据短视频脚本拍摄短视频。

2. 实训步骤

步骤01 确定内容主题。根据运营需求和血橙的特点，确定内容主题，如"大自然的红色馈赠——血橙"，从多个角度体现血橙的优良品质。

步骤02 确定内容结构。确定短视频具体包含哪些内容，如开头先展示血橙的种植景象，体现血橙良好的种植环境；主体内容则从多个角度展示血橙的特点，如展示血橙光滑表皮、切开后色泽诱人的果肉、饱满的汁水等，通过这些细节，直观传达血橙的高品质和新鲜程度。

步骤03 分解镜头。根据确定的短视频内容，列出详细的镜号、景别、拍摄方式、画面内容、台词/字幕、背景音乐/音效、时长。例如，镜号1以全景的方式移动拍摄，时长4秒；镜号2以近景的方式正面拍摄，时长4秒，等等。

步骤04 撰写短视频脚本。根据以上写作思路，撰写短视频脚本，如表7-4所示。

表7-4　血橙短视频的分镜头脚本

镜号	景别	拍摄方式	画面内容	台词/字幕	背景音乐/音效	时长
1	全景	移动拍摄	血橙果园的种植景象	生态果园，优质好果		4s
2	近景	正面拍摄	血橙挂在树枝上，主角用刀慢慢划开血橙	果形圆润饱满		4s
3	近景	正面拍摄	切开后的半个血橙在阳光的照射下，显得晶莹剔透	果肉鲜红可口，晶莹剔透	有活力的音乐	1s
4	近景	侧面拍摄	半个血橙的皮被慢慢削去			2s
5	近景	正面拍摄	血橙血红的果肉	色泽艳丽、果香浓郁		1s
6	近景	侧面拍摄	半个血橙的果肉被削开一层，汁水流出	果肉饱满、汁水充盈		4s
7	近景	正面拍摄	被削成两部分的血橙果肉	好看又好吃		2s
8	近景	侧面拍摄	主角用手剥开完整的血橙	皮薄易剥		4s
9	近景	侧面拍摄	主角削去血橙上的白皮			2s
10	特写	正面拍摄	主角手上拿着整个削好的血橙	咬一口，尽享美味盛宴		3s

步骤 05 ◐ 设置拍摄参数。考虑到拍摄的便利性，选择使用手机进行拍摄。打开手机原相机，设置视频分辨率为"1080p"、视频帧率为"30fps"，竖屏拍摄。

步骤 06 ◐ 拍摄镜号 1。点击"拍摄"按钮◯开始拍摄，移动拍摄血橙果园的种植景象。

步骤 07 ◐ 拍摄镜号 2。对焦至血橙上，点击"拍摄"按钮◯开始拍摄，内容为血橙挂在树枝上，主角用刀慢慢划开血橙。使用相同的方法拍摄其他镜号，效果如图 7-24 所示。

图 7-24　拍摄效果

实训 2　剪辑血橙的宣传短视频

完成血橙短视频的拍摄后，该企业为进一步加深用户对血橙的了解，并激发用户的购买欲望，决定剪辑一条血橙的宣传短视频。为此，企业安排经验丰富的运营人员小李负责短视频的剪辑工作。

1. 实训要求

（1）使用剪映 App 剪辑短视频。

（2）突出血橙的细节，并为短视频添加转场、字幕和背景音乐等。

2. 实训步骤

步骤 01 ◐ 添加视频素材。打开剪映 App，按前文所述方法，添加拍摄好的视频素材（配套资源:\素材\第 7 章\"血橙"文件夹）。

步骤 02 ◐ 调整视频速度。在剪辑界面中点击"关闭原声"选项关闭原声。查看导入后的视频素材发现，镜号 3 的时长太短，用户不能仔细看清，因此需调整镜号 3 的速度。选中第 3 段视频素材，点击"变速"按钮◎，点

微课视频

剪辑血橙的
宣传短视频

击"常规变速"按钮■，在打开的界面中，调整时长滑轨至"0.5x"，如图7-25所示，点击"确定"按钮■。依次点击■、■按钮，返回剪辑界面。

步骤03 ● 设置视频转场。点击任意两个视频之间的"间隔"按钮■，在打开的列表中点击"叠化"选项，点击"全局应用"选项，然后点击■按钮，为每段视频素材设置转场，如图7-26所示。

步骤04 ● 添加滤镜。在界面底部工具栏中点击"滤镜"按钮■，在打开的面板中点击"自然"选项，如图7-27所示，点击■按钮应用滤镜。点击"自然"滤镜素材，拖曳该素材右侧的控制条至整个短视频的开始和结束位置。

图7-25 调整视频速度　　　　图7-26 设置转场　　　　图7-27 添加滤镜

步骤05 ● 添加字幕。依次点击■、■按钮，返回剪辑界面。将时间线定位于第1段视频素材起始处，点击"文本"按钮■，在打开的界面中点击"新建文本"按钮■。在打开列表的文本框中输入"生态果园，优质好果"文本，手指按住文本框不放，将其移至画面最下方，点击"样式"选项卡，调整文字字号为"12"，并调整文字的位置至合适位置，如图7-28所示，然后点击"确定"按钮■。保持字幕素材的选中状态，拖动字幕素材至第1段视频素材的最后。使用相同的方法，按照短视频脚本为镜号2～镜号10的视频素材添加字幕素材，并适当调整字幕素材的位置。

步骤06 ● 添加背景音乐。为体现水果新鲜、健康和美味的特质，这里选择添加有活力的背景音乐，依次点击■、■按钮，返回剪辑界面。移动视频滑轨，使时间线位于起始处，点击"音频"选项，在打开的列表中点击"音乐"按钮■，打开"音乐"界面，在界面上方的搜索框中输入文字"活力"，在搜索结果中选择合适的背景音乐，如图 7-29 所示，依次点击 ↓ 、 使用 按钮，使用背景音乐。然后根据视频时长删除多余的背景音乐，并设置淡入淡出为"2.5s"。

步骤07 ◇ 设置封面。将时间线定位于视频起始处，点击"设置封面"选项，在打开的面板中选择一帧视频画面作为封面，如图 7-30 所示，点击 保存 按钮，保存封面。设置完成后，可点击界面右上角的 导出 按钮，导出短视频（配套资源:\效果\第 7 章\血橙宣传短视频 .mp4）。

效果预览

血橙宣传短视频效果

图 7-28　调整文字字号

图 7-29　选择背景音乐

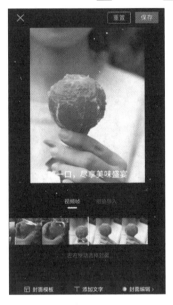

图 7-30　设置封面

7.5　课后练习

1. 在抖音、快手和哔哩哔哩中查看近 7 日比较热门的短视频，分析这些短视频的类型，以及数据表现。

2. 假设你是某日用品品牌的运营人员。当前该品牌推出了一款晴雨两用的太阳伞。该太阳伞集防晒、遮阳、轻便、时尚于一体，采用专业级 UPF50+ 防晒涂层，可以有效阻隔紫外线；伞身采用轻质材料，整体重量轻盈，方便随身携带；伞骨架采用加固设计，确保在强风天气下也能稳固如初，不易翻折；手柄部分采用防滑设计，携带无忧。

（1）请为该太阳伞写作一个短视频脚本。

（2）根据短视频脚本拍摄短视频，并制作太阳伞的宣传短视频。

（3）制订太阳伞宣传短视频的推广策略。

第8章
直播运营与推广

直播具有实时性、互动性和参与感强等特点，使得信息传播更加迅速和直接，为用户带来更加真实、生动的参与体验，从而成为企业开展品牌建设、产品宣传及线上营销等活动所采用的重要方式。

学习目标

- 熟悉直播的特点和常见的直播平台。
- 掌握筹备直播场地和设备的方法。
- 掌握直播内容设计的方法。
- 掌握开展直播活动的方法。

素养目标

- 提高语言表达能力和互动能力，传播正能量。
- 遵守职业道德和行业规范，避免虚假宣传。

8.1 直播的基础知识

直播，通常呈现为网络直播的形式，是一种实时、双向互动的网络播出方式，能够同步播放现场正在发生、发展的精彩事件，带给用户身临其境的观赏体验。

8.1.1 直播的特点

直播作为一种新兴的内容表现形式，具有一系列显著特点。

- **实时性**：用户能够第一时间接收到信息，无论是新闻事件、体育赛事还是商业活动，都能够通过直播实时传送给用户，带给用户沉浸式体验。
- **互动性**：用户可以通过弹幕（字幕形式的评论）、点赞、送礼等方式与主播进行即时互动。这种互动不仅增加了用户的参与感，主播也能实时接收用户的反馈，了解用户的实时需求。
- **真实性**：直播内容往往是未经剪辑、修饰的原始画面，相较于传统的录播形式，直播更加真实，有利于增强用户的信任感。

- **多样性**：直播的形式多样，包括现场直播、室内访谈、教学演示、游戏直播、电商销售等，可以满足用户多样化的内容需求。

8.1.2　常见的直播平台

直播的迅速发展催生了很多直播平台。目前主流的直播平台有以下 3 类。

1. 综合类直播平台

综合类直播平台的直播内容包含娱乐、生活、游戏等多样化的内容，用户可以根据自己的兴趣选择观看。常见的综合类直播平台有抖音、快手、斗鱼、花椒直播、映客、一直播等。

2. 电商类直播平台

电商类直播平台是由电子商务平台孵化而来的，是吸引流量、提高转化率的工具，帮助企业实现边直播边销售、用户边观看边购买的营销目的。电商类直播平台的直播内容以直播带货内容为主。目前，主流的电商类直播平台有淘宝直播、京东直播、多多直播等。

3. 社交类直播平台

社交类直播平台主要是用户建立和维护社交关系的阵地。随着直播行业的蓬勃发展，许多社交平台顺势上线了直播功能，如微博和微信，进一步增强了用户之间的连接和互动体验。

8.2　直播运营准备

运营人员在正式开展直播运营前，为有序且高效地开展直播活动，还要完成一系列准备工作。

8.2.1　直播场地和设备筹备

直播场地和直播设备是开展直播运营的硬件基础，对于营造直播氛围，实现高品质、流畅的直播效果至关重要。

1. 筹备直播场地

直播场地主要分为室内场地和室外场地，常见的室内场地有办公室、会议室、工作室、线下门店和住所等。一般来说，用于直播的室内场地应空间适宜、环境安静、光线充足。常见的室外场地包括产品室外产地（如田间地头、蔬果种植园、茶园）、室外打包场所、露天集市、室外活动现场等。室外场地能为用户带来一定的代入感，增强用户的信任感。

运营人员选定直播场地后，便需要根据直播主题、内容等合理地规划场地，使其布局合理，以便顺畅地开展工作。常见的直播场地规划如图 8-1 所示。

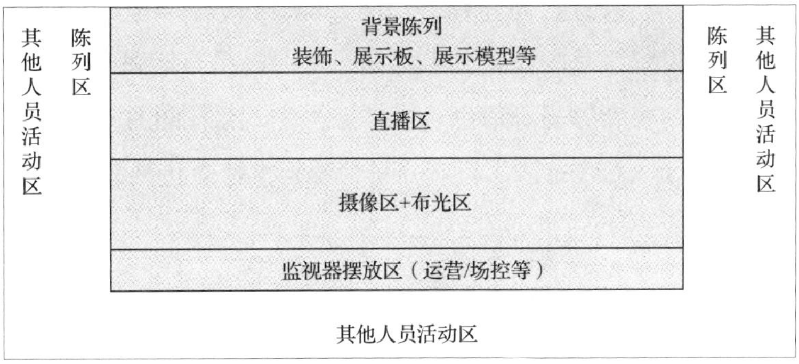

图 8-1　直播场地规划

搭建室内直播间时，直播背景应以纯色或浅色为主，同时要确保隔音和收音效果良好，保证用户的观看体验。

2. 筹备直播设备

筹备直播设备主要是指运营人员根据需要选择合适的直播设备，确保直播画面的高质量和流畅性，提升用户的观看体验。常用的直播设备主要有手机和相机两种。

- **手机**：手机具有易筹备、易携带、设备操作难度小等优点，常用于泛娱乐化直播，或个人、中小型企业的电商直播。运营人员利用手机直播时，通常需要另外配备一部手机，用于查看弹幕。为提升直播画面效果，运营人员还可以使用带灯手机支架固定直播手机和补充主播面部光源，同时，要注意配备手机充电器，以便随时补充手机电量。
- **相机**：相机具有画面清晰度高、有质感、色彩还原度高等优点，同时便于后期剪辑。运营人员利用相机直播时，也可以配备一部手机用于查看弹幕。此外，还可以准备云台和三脚架，以放置和固定相机。

为进一步提升直播效果，运营人员还需要配备一系列辅助设备，如计算机、支架、补光灯等。其中，计算机不仅可用于监测与收集直播数据，还能用来剪辑视频。支架则可以用来稳定直播设备，避免画面抖动。另外，在光线不佳时，运营人员可以使用补光灯补充光线，使画面更加清晰、明亮，提升整体视觉效果。此外，根据不同的直播需求，运营人员还可能需要配备其他辅助设备，如声卡、话筒、耳机等，以达到较好的直播效果。

8.2.2　直播运营账号准备

运营人员做好直播运营账号的准备工作，既可以展现具备个人特色且专业性强的线上形象，还可以传递产品信息、品牌理念等，使用户增加对品牌的了解。

1. 设置直播账号

直播账号通常由名称、头像、简介和背景图等部分组成，如图 8-2 所示。其中，名称和头像的设置要求与短视频账号的设置要求相似，不同的是直播账号的简介，因直播需求可能会包含直播主题、内容和时间等信息。直播账号的背景图最好与直播产品或直播内容相关，尺寸一般为 1125px × 633px，此外部分平台现已支持上传视频作为直播账号背景。

图 8-2　直播账号组成

设置直播账号的方法较为简单，一般是在"我"页面进行设置。下面以设置抖音账号为例，介绍账号信息的设置方法。其具体操作步骤如下。

步骤 01　设置账号名称。打开抖音 App，点击"我"选项，点击 编辑资料 20% 按钮，在打开的界面中点击"名字"选项，如图 8-3 所示。打开"修改名字"界面，在"我的名字"栏中输入名字"好时官方旗舰店"，点击 保存 按钮保存设置，如图 8-4 所示。

步骤 02　设置简介。点击"简介"选项，在打开的界面中输入简介"好时巧克力，尽享美味！"，点击 保存 按钮保存设置，如图 8-5 所示。

微课视频

设置直播账号

图 8-3　点击"名字"选项

图 8-4　输入名字并保存

图 8-5　输入简介并保存

步骤 03　设置头像。点击头像图标，在打开的面板中选择"从相册选择"选项，选择头像图片（配套资源:\素材\第 8 章\抖音账号头像.jpg），如图 8-6 所示，确认头像显示完整后，点击 完成 按钮。

步骤 04 ⚫设置背景图。点击 更换封面 按钮，在打开的界面中点击"从手机相册选择照片"选项，如图 8-7 所示，在打开的界面中选择背景图（配套资源:\素材\第 8 章\抖音账号背景图.png），确定背景图完整显示后，点击 确定 按钮。直播账号设置效果如图 8-8 所示。

图 8-6　选择头像　　　　图 8-7　从手机相册选择照片　　　图 8-8　直播账号设置效果

2. 开通直播权限

很多直播平台一般直接默认开设的平台账号为直播账号。但是，如果要开展直播销售，通常还需要开通直播权限，并进行实名认证。对于淘宝直播、京东直播等电商类型的直播平台而言，通常需要在其官方直播 App 或直播中控台中开通主播权限，并进行实名认证。对于抖音、快手等娱乐性更多的直播平台而言，用户可直接点击首页的"+"按钮，在打开的界面中点击类似"开直播"的选项，然后根据提示操作，即可开通直播权限。

8.3　直播内容设计

在开展直播运营前，运营人员还需要策划直播方案，预先设定清晰的直播主题和具体目标，以及各个环节的人员分工、互动安排等，通过提前确定好直播运营中的每一个环节，为直播运营做好准备。

8.3.1　策划直播方案

策划直播方案是全局性的工作，运营人员需要围绕直播运营目的，对人员分工、环节设定和财务预算等进行统筹规划。在策划直播方案时，可以从以下几个方面入手。

- **确定直播主题与目标**：第一，要明确本次直播的主题。主题应与品牌、产品或活动紧密相关。第二，根据主题设定具体的直播目标，如提高品牌知名度、推广新产品、增加销售额等。

- **确定直播内容**：根据直播主题与目标确定直播的具体环节，如开场介绍、产品展示、互动、结尾总结等，以及每个环节的具体内容。

- **明确人员分工**：明确团队内部各岗位的职责，包括主播、副播、场控、客服等角色的具体工作，确保直播流程执行顺畅。
- **规划直播时间**：合理规划直播的整体时长和各环节的时间分配，把握好直播的节奏，避免出现冷场或内容过于紧凑的情况。
- **制订宣传和推广策略**：制订直播前后的线上线下推广策略，进行有效的预热，吸引更多潜在用户关注并参与到直播中来。
- **规划直播预算**：根据直播运营需求，针对直播设备、直播场地、宣传推广费用和人员工资等制订详细的预算计划，控制各项成本，确保直播活动在预算范围内进行。

拓展资源

直播方案示例

8.3.2 设计直播脚本

直播脚本可以帮助主播和团队其他成员清晰地了解直播的整体流程，更好地把控直播节奏，确保直播活动有条不紊地展开。直播脚本一般可以分为整场直播脚本和单品直播脚本两种。

1. 设计整场直播脚本

整场直播脚本是对直播流程和内容的细致说明文本，内容主要包括直播主题、直播人员、直播时间和直播流程等要素。运营人员在设计整场直播脚本时，主要是根据直播时长来划分直播流程，并明确主播和团队其他成员的工作内容。直播流程一般包括直播开场、直播互动、产品介绍等，每个环节有不同的侧重点。例如，直播开场时需要使用开场话术欢迎用户，给用户留下良好的第一印象；产品介绍环节主要是介绍产品的基本信息，展示产品的卖点，促进产品销售。

表 8-1 所示为整场直播脚本示例。

表 8-1 整场直播脚本示例

直播主题	×× 品牌春季大促销			
直播人员	主播：××，助理：××			
直播时间	2024 年 3 月 15 日 19:00—21:00			
直播流程				
时间段	流程		主播	助理
19:00—19:05	直播开场	打招呼	欢迎用户，并介绍直播的基本信息	问候用户
19:06—19:10		直播介绍	预告今日产品和优惠信息	补充主播遗漏信息

续表

直播流程				
时间段	流程		主播	助理
19:11—19:45	直播中	介绍第1 ~ 5 款产品	介绍产品，包括材质、上身效果、搭配等，回答用户问题	配合主播展示产品，补充主播遗漏信息
19:46—19:50		福利抽奖	介绍奖品，引导用户参与抽奖	告知抽奖结果
19:51—20:00		介绍第6 ~ 7 款产品	介绍产品，包括材质、上身效果、搭配等，回答用户问题	配合主播展示产品，补充主播遗漏信息
20:01—20:30		福利抽奖	介绍奖品，引导用户参与抽奖	告知抽奖结果
20:31—20:55		介绍第8 ~ 10 款产品	介绍产品，包括材质、上身效果、搭配等，回答用户问题	配合主播展示产品，补充主播遗漏信息
20:56—21:00	直播结尾	表达感谢	感谢用户支持，并呼吁用户购买产品	引导用户关注直播间

2. 设计单品直播脚本

设计单品直播脚本是指基于单个产品的脚本设计，核心是突出产品卖点，对应整场直播脚本的产品介绍内容文本。单品直播脚本一般包含产品导入、产品卖点、产品利益点、引导转化等要素，可以帮助主播熟悉产品卖点，更好地推荐产品。设计单品直播脚本时一般按照以下思路入手。

- **产品导入**：首先介绍产品的基本信息，包括产品名称、特点、使用方法等，以便用户对产品有一个基本的了解。
- **产品卖点**：通过阐述产品卖点，突出产品的优势和吸引力。阐述前，可以使用FAB 法则来提炼产品卖点。F（Feature，特征）指产品具体的属性、功能或规格；A（Advantage，优势）指产品特性所带来的好处和优势；B（Benefit，利益）指用户购买产品时可以获得的实际益处。
- **产品利益点**：介绍产品可以给用户带来的利益，把非刚需变为刚需。
- **引导转化**：最后引导用户转化，包括引导用户购买、关注直播间等。在引导转化时，主播可以通过展示产品的实际使用效果、介绍优惠活动等来激发用户的购买欲望。

表 8-2 所示为单品直播脚本示例。

表 8-2　单品直播脚本示例

要素	具体内容
产品导入	朋友们，大家好！今天我要给大家介绍一款我们精心挑选的棉柔湿巾。毫不夸张地说，它真是居家旅行必备好物哦

续表

要素	具体内容
产品卖点	这款棉柔湿巾选用优质棉花制成，触感细腻柔软，不仅水分充足，锁水性还强，擦拭过后能持久保湿，无论是清洁面部、手部，甚至是清洁餐具和玩具，都很干净方便。而且，它的厚度适中，韧性十足，不易撕破，二次利用也是没问题的
产品利益点	它的包装设计也很人性化，每一个都是单独包装的，不易被污染，用起来也更放心
引导转化	现在告诉大家一个好消息，我们特意为大家争取到了超值福利价！它的日常售价是89元5包，今天直播间下单只要49元就能到手5包，这个价格真的很划算，心动的小伙伴，不要犹豫，赶紧下单哦

8.3.3　设计直播话术

直播话术是指主播在直播过程中使用的各种语言技巧和交流方式。优秀的直播话术能够有效调动用户，达到促进销售转化的目的。根据直播内容和目的的不同，直播话术可以分为开场话术、互动话术、促留存话术、促转化话术和结束话术。

- **开场话术**：在直播开始时用来欢迎用户、自我介绍和预告直播内容的话术，有助于迅速吸引用户，为后续的直播内容展开奠定良好的基础。
- **互动话术**：用于直播过程中，与用户进行实时互动的话术，如引导用户评论、点赞、关注，或回复用户问题。这类话术可以提升直播的活跃度和用户参与度。
- **促留存话术**：用于吸引用户长时间观看直播的话术，通常伴随一定的福利诱惑，如抽奖、赠送礼品等。
- **促转化话术**：用于直播中的销售环节的话术，通过表明产品的折扣、赠品等信息，促使用户下单购买。
- **结束话术**：在直播结束前用于向用户表示感谢，预告下一次直播的时间和内容，并提醒用户关注直播间的话术。

表8-3所示为不同类型的直播话术示例。

表8-3　直播话术示例

话术	示例
开场话术	欢迎大家来到××直播间，千万不要走开，我们为大家准备了超多福利
	大家好，我是××，欢迎大家来到直播间，今天直播间优惠多多，一定不要错过哟
互动话术	还没有关注直播间的小伙伴记得关注直播间，以后第一时间就可以收到开播信息哦
	看到××说很喜欢我们的产品，谢谢你的支持，大家也快来分享一下自己的想法吧
促留存话术	××点我们会发红包，××点会有免单活动，大家千万不要走开
	××分钟后我们将抽取今天的幸运大奖，看看你是不是这个幸运儿呢
促转化话术	这款产品的日常售价为××元，今天直播间买一送一，还送很多赠品哦
	这款产品我已经回购好多次了，现在买还有优惠活动，喜欢的朋友千万不要错过了

续表

话术	示例
结束话术	直播马上结束了，感谢大家的支持，明天同一时间不见不散
	又到下播的时间了，感谢大家从开播一直陪伴到下播，我们会继续为大家带来更多的福利

🏷 课堂活动

1. 在直播平台观看 2 场品牌直播活动，收集其开场话术、互动话术、促留存话术、促转化话术和结束话术。

2. 假设你是某服装品牌的运营人员，近期该品牌计划开展一场春装促销活动，请为其设计直播的开场、互动和结束话术。

案例分析　　　　　**小红书《大家的春晚》直播活动**

2024 年 1 月 19 日，小红书正式官宣成为中央广播电视总台《2024 年春节联欢晚会》笔记与直播分享平台。除夕当晚，小红书与中央广播电视总台共同开展了一场陪伴互动式直播——《大家的春晚》。

在正式直播前，小红书开展了多种形式的预热工作，如分享直播间搭建进度，发布直播宣传短视频，告知直播预约方法，预告直播福利，官宣直播主持人，邀请嘉宾宣传直播等。

直播当天，小红书账号"我们的春晚"发布了《大家的春晚》完整节目单，同时揭晓了一系列激动人心的抽奖活动信息，更有人气嘉宾空降直播间环节，充分引起了用户的期待。

直播于除夕当天下午六点开始，除了邀请春晚嘉宾分享他们台前幕后的精彩故事，直播间还上架了许多春晚同款产品，获得了良好的销售量。例如，节目《那能一样吗》中，某艺人同款粉色毛衣深受用户喜爱，迅速成为热销款，不仅在小红书直播间售罄，更在全网多个平台掀起热议。

直播过程中，小红书还送出好运礼、漂亮礼、贵贵的礼 3 种包含不同品类产品的礼物，如"春晚同款"熊猫工厂花花、10 万支口红、小天鹅洗烘套装等。直播结束后，"大家的春晚"账号在小红书继续发力，通过剪辑直播的精彩片段，对直播内容进行二次加工和传播，延续了活动热度。

最终，直播间曝光超 10 亿人次、观看人数超 2700 万、互动总量超 1.7 亿次。另外，同时当日小红书发布笔记破 156 万条，春晚相关内容搜索量突破 8000 万条。

案例点评：小红书此次直播活动借助春晚的影响力，首先，通过精心策划的预热活动成功激发用户的兴趣和期待。其次，直播期间，通过人气嘉宾空降直播间、抽奖活动等增强用户黏性。最后，直播结束后，还通过二次传播剪辑精彩片段延续活动热度。这一系列精心设计的直播运营策略充分提高了直播的曝光度、参与度和影响力，为其他品牌或平台提供了宝贵的借鉴经验。

8.4 开展直播活动

开展直播活动通常涵盖预热、实施和推广 3 个环节的工作。每个环节都需要精心策划和执行，以保证直播活动的效果。

8.4.1 预热直播活动

预热直播即指直播正式开始前，运营人员利用多元化的渠道和创意内容吸引用户关注并观看直播。其目的是为直播活动造势，增大直播活动的曝光度和关注度。

1. 选择预热方式

预热直播活动，可以选择在直播平台内和直播平台外进行。

（1）直播平台内预热

在直播平台内预热，主要有短视频预热、直播间预热、账号主页预热和设置直播预告 4 种方式。

- **短视频预热**：通过直播账号发布包含直播主题、时间或优惠力度等信息的预告短视频，如图 8-9 所示。

- **直播间预热**：对于已经开展过直播活动的品牌，可以提前在日常的直播中预热，告知用户下次直播活动的相关信息。

- **账号主页预热**：在直播前，主播可以更新账号简介，预告直播主题、时间等，如图 8-10 所示，或在账号昵称后添加直播预告信息，让用户可以对预热信息一目了然。

- **设置直播预告**：一般而言，直播平台大多提供直播预告功能。运营人员设置好直播的时间、主题、封面等，发布后该预告将以图文或文字的形式显示在直播账号主页。

（2）直播平台外预热

直播平台外预热主要有社交媒体平台预热、线下预热等。

- **社交媒体平台预热**：运营人员可以在微信、微博、小红书等社交媒体平台发布直播预告信息，或与其他品牌或有影响力的博主合作进行预热，吸引更多潜在用户关注直播。图 8-11 所示为某品牌在小红书发布的直播预告。
- **线下预热**：如果品牌拥有实体店面，还可以在店内放置宣传海报、广告牌等，让更多的用户了解和参与直播。

图 8-9　短视频预热

图 8-10　账号主页预热

图 8-11　社交平台预热

2. 确定预热时机

要想直播预热信息覆盖更广泛的用户群体，运营人员还需要选择好预热时机。确定预热时机，运营人员需要综合考虑多个因素，包括用户的在线时间、活跃度高峰期等。首先，运营人员需要了解用户的上网习惯和在线时间段；其次，还应考虑热门话题、节假日等特殊事件，结合这些因素来确定预热时机，增加用户的关注度和参与度。另外，运营人员还须合理把控预热时间的长短，保证信息得到有效传播和充分发酵，同时避免过早或过晚预热，以免影响预热效果。

一般而言，运营人员应在用户工作日上下班的途中或下班后的休息时间发布直播预热信息。同时，运营人员可以在开播前一天再次提醒用户，通过强化直播的独特价值和制造紧迫感来提高直播的吸引力，促使用户观看直播。

3. 设置直播预告

下面为某品牌防晒用品专场抖音直播发布直播预告，直播时间为 2024 年 7 月 6 日 19:00，预告内容为"夏日炎炎 防晒先行——让你轻松应对烈日挑战，享受无忧夏日！"具体操作步骤如下。

微课视频

设置直播预告

步骤01 ✦确定预热方式。该场直播主要在抖音开展，因此可以直接利用抖音的直播预告功能发布预热信息。

步骤02 ✦确定预热时间。直播时间为 2024 年 7 月 6 日 19:00，为确保预热效果，可提前 3 天进行预热。

步骤03 ✦开始设置直播预告。进入抖音 App，点击"添加"选项，然后点击"开直播"选项，点击"更多功能"按钮◙，打开"更多功能"面板，点击"直播预告"选项，如图 8-12 所示。

步骤04 ✦设置预告详情。打开"选择预告"面板，点击 + 创建新预告 按钮，打开"新建直播预告"界面。点击"开播时间"选项，在打开的"选择开播时间"界面中设置时间为"7 月 6 日 周六 19:00"，如图 8-13 所示。在"预告内容"栏中输入"夏日炎炎 防晒先行——让你轻松应对烈日挑战，享受无忧夏日！"，点击 创建预告 按钮，如图 8-14 所示。

图 8-12 点击"直播预告"选项

图 8-13 选择开播时间

图 8-14 输入预告内容

8.4.2 实施直播活动

实施直播活动是实现运营目标的关键环节。根据流程，直播活动可以划分为直播开场、直播中和直播收尾 3 个部分，每个阶段的工作重点有所差异。

1. 做好直播开场

直播开场阶段的观看用户数一般较少，热度较低，选择合适的开场方式可以在短时间内快速吸引用户，提升直播热度。

- **介绍直播亮点**：在直播开始时将本次直播的亮点信息展示出来，如优惠力度、互动福利、惊喜嘉宾等，可以有效吸引用户观看和停留。但直播亮点不宜介绍过多，需要保留一定的悬念，延长用户的停留时间。

- **提出问题**：提问可以引发用户思考，带动运营人员与用户之间的互动，同时能借机了解用户的喜好，收集反馈信息。

- **故事开场**：富含趣味元素与传奇色彩的故事叙述，往往能有效触发用户的好奇心，进而促使其产生强烈的探知欲望，吸引其继续观看直播。
- **借助热点**：借助热点可以快速引起用户的讨论，营造良好的直播氛围，拉近与用户之间的距离。

2. 做好直播中的直播互动

互动是提升用户活跃度的有效方式。运营人员在直播中使用不同的互动方式，可以活跃直播氛围，增强用户黏性。

（1）提问互动

直播中的互动是维护直播间与观众联系的重要方式，而弹幕作为核心互动形式，以其公开性特点为一对多的沟通提供了便捷途径。提问则可以让该形式发挥更大作用。通过提问，运营人员不仅可以了解用户的需求，还可以使得直播间不冷场。例如，针对产品进行提问："你们打算买长款的还是短款的？"既可以加深用户对产品的印象，又可以活跃直播间的氛围。

（2）红包互动

观看直播的用户可以通过直播平台打赏或赠送虚拟礼物。同样地，运营人员也可以通过发红包或赠送礼物等方式来回馈用户，提升直播间的人气并强化互动。在发放红包时，运营人员可以设置简单的领取条件，如关注或分享直播间等。在发放红包前，运营人员要提前告知用户发放时间，如"20:00 准时发红包"，让用户做好心理准备的同时，暗示用户邀请更多人进入直播间，提升直播间的人气。

（3）抽奖互动

运营人员通过设置抽奖可以有效引导用户互动。抽奖互动一般具有明确的指示性，要求用户必须完成一些互动行为，如分享直播间、评论特定内容等。奖品要有吸引力，可以是能满足用户需求的实物奖品或虚拟奖品。开展抽奖互动时，运营人员需要明确告知用户抽奖的时间、规则、奖品等细节，以引发用户的期待感。

（4）游戏互动

游戏互动的游戏一般是难度不高、具有趣味性的小游戏，如成语接龙、我画你猜等。运营人员开展成语接龙游戏互动时，可以设置时间限制，如倒数 10 秒，如果未在规定时间内完成接龙，就需要接受惩罚。我画你猜游戏互动一般是运营人员现场画画，然后让用户根据画的内容猜答案。这种互动方式的趣味性较强，可以营造积极、轻松的直播氛围。

3. 做好直播收尾

做好直播收尾同样至关重要，精心设计的收尾不仅能够给用户留下深刻印象，还能为接下来的直播活动积累口碑和粉丝。一般来说，直播收尾阶段需要做好以下 3 项工作。

- **引导关注**：将品牌的新媒体账号和关注方式告知用户，引导用户关注，使其成为粉丝，形成稳定的用户基础。
- **邀请加入群聊**：告知用户加入粉丝群的方式，并邀请其加入，可以进一步沉淀用户，将其转化为忠实粉丝。
- **表达感谢**：表达对用户的感谢，可以体现对用户的关注和重视，提高用户对品牌的好感度，间接影响用户的关注、入群行为。

此外，在直播收尾阶段，运营人员还可以预告下次直播的时间、主题或其他值得期待的内容，为下一场直播活动积累人气和关注度。

8.4.3 推广直播活动

直播正式开始后，运营人员也可以通过各种渠道和方法扩散直播信息，提升直播间的人气，扩大直播活动的影响力。

- **分享直播**：通过将直播间链接分享到粉丝群、社交媒体平台等，吸引更多用户进入直播间观看。
- **加热直播**：利用直播平台的付费推广工具加热直播，提升直播间的人气，如淘宝直播的超级直播、抖音的 DOU+、快手的小火苗等。
- **连麦直播**：与其他主播连麦能增加直播的趣味性，不仅可以引导双方的粉丝互相关注，也可以吸引新用户观看直播。

8.5 直播数据分析

深入挖掘和解读直播数据，可以为直播活动的优化决策提供有力支持。在具体分析时，运营人员应选择合适的分析工具和分析方法，了解常见的数据指标。

8.5.1 直播数据分析思路

分析直播数据的思路比较简单，分析时可按照以下流程入手。

1. 获取直播数据

在分析前，运营人员需要在直播平台后台获取直播数据，如抖音的数据中心、快手的主播中心等，或使用第三方数据分析工具获取数据，如蝉妈妈、灰豚数据等。

2. 选择直播数据分析工具

获取直播数据后，运营人员可利用直播平台的数据分析工具或第三方数据分析工具进行数据分析。

（1）直播平台的数据分析工具

直播平台的数据分析工具通常只针对自家平台的直播数据，与第三方直播数据分析工具相比，提供的数据较少，可能不足以满足运营人员的数据分析需求。常见的直播平台的数据分析工具如淘宝直播的淘宝主播 App 和淘宝直播中控台；抖音的抖音创作者 / 企业中心 - 主播中心、巨量百应、电商罗盘等。通过抖音主播中心查看直播数据的具体方法为：进入抖音创作者 / 企业中心，点击"主播中心"选项，在打开的界面中点击"数据中心"选项，即可查看直播数据，如图 8-15 所示。

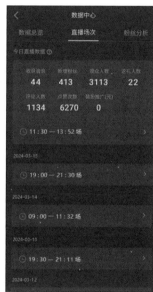

图 8-15　在抖音主播中心查看直播数据

（2）第三方数据分析工具

第三方数据分析工具专注于直播数据的分析，数据分析功能强大，数据统计与分析维度多元化。第三方数据分析工具一方面可用于分析直播行业的相关数据，另一方面也可以用于分析某直播账号的直播数据。常见的第三方数据分析工具有蝉妈妈、飞瓜数据、卡思数据等。

3．选择数据分析方法

在具体分析时，运营人员还需要使用合适的数据分析方法，以便高效地开展数据分析工作。常见的数据分析方法有对比分析法和问题分析法两种。

- **对比分析法**：又称比较分析法，是将同一维度的两个或两个以上的数据进行对比，通过分析数据之间的差异，找出异常数据（与平均水平差距非常大的数据），进一步查找原因。

- **问题分析法**：又称"5W2H"分析法，即何事（What）、何因（Why）、何人（Who）、何时（When）、何地（Where）、如何做（How）、何价（How much），从这 7 个维度提出问题并回答问题，寻找解决问题的思路。

素养课堂

一名优秀的运营人员应具备较高的数据素养，能够在直播实战中灵活运用各种数据分析方法和工具。另外，运营人员还需要具备逻辑思维和批判性思维，能够有条理地分析数据，善于从数据中发现问题、识别机会，并对数据的来源、质量持严谨态度，为优化运营策略提供正确的数据支撑。

8.5.2 直播数据指标分析

直播数据包含多方面的内容，在分析时，运营人员可以从用户画像数据、粉丝数据、流量数据、互动数据和转化数据 5 个方面的指标入手。

1. 分析用户画像数据指标

用户画像数据指标包括性别分布、年龄分布、地域分布、用户来源等。图 8-16 所示为某品牌某场直播的用户性别、年龄和地域分布的数据。

由图 8-16 可知，观看该场直播的女性用户占多数，18 岁～ 40 岁的用户占比较大，同时这些用户多分布在一二线城市。

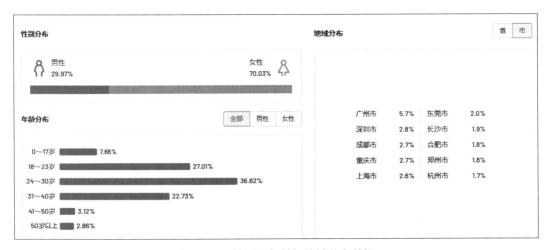

图 8-16　性别、年龄与地域分布数据

2. 分析粉丝数据指标

粉丝数据指标包括新增粉丝、新增直播粉丝团、转粉率、粉丝回访率等，可在一定程度上反映粉丝的留存情况和黏性。

- **新增粉丝**：本场直播新增的粉丝数量，是评判直播吸引力的指标之一。
- **新增直播粉丝团**：本场直播新增的粉丝团成员数量反映了该场直播的吸粉能力。
- **转粉率**：观看直播的新用户转化为粉丝的比例，是用于衡量直播内容是否有价值的重要指标。计算公式为：转粉率 = 新增粉丝数 / 观看人次 × 100%。
- **粉丝回访率**：单场直播粉丝占总观看人数的比例，反映了粉丝黏性。一般来说，粉丝回访率越高，说明粉丝维护做得越好，粉丝的黏性越强。

图 8-17 所示为某品牌某场直播的部分粉丝数据。

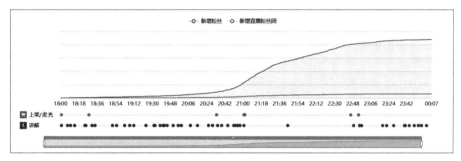

图 8-17　某品牌某场直播的部分粉丝数据

由图 8-17 可知，该场直播的新增粉丝数量总体呈上升趋势，21:00 后的上升趋势较为明显，这可能说明 21:00 之后用户较为活跃，直播内容、互动方式或产品更符合用户的兴趣；新增直播粉丝团数量的变化趋势不太明显，这可能意味着直播粉丝团数量已经达到了一个相对稳定的水平，或直播间的吸引力不足、推广与营销手段不足等。

3. 分析流量数据指标

流量数据指标主要包括观看人次、人气峰值、平均在线、分钟流量获取、平均停留时长等，在一定程度上反映了用户的关注度。

- **观看人次**：实际进入该直播间的人次。
- **人气峰值**：直播间同时在线人数的最大值。
- **平均在线**：该场直播中每个时间段在线人数的平均值。
- **分钟流量获取**：平均每分钟进入直播间的流量，用于判断直播间流量进入速度。
- **平均停留时长**：平均每个用户在直播间停留 / 观看的时长。

图 8-18 所示为某品牌某场直播的流量数据。

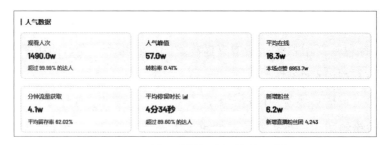

图 8-18 某品牌某场直播的流量数据

由图 8-18 可知，该场直播人气峰值为 57 万，平均在线人数为 16.3 万。总体来看，观看人数较多但不稳定，这可能意味着直播内容的不稳定。另外，直播间每分钟获取的流量为 4.1 万，这可能意味着直播内容较有吸引力，推广效果好等。此外，用户的平均停留时长为 4 分 34 秒，超过了 89.60% 的直播间停留时长，这说明用户对该直播比较感兴趣，且直播的内容、产品或互动方式等方面的留存能力较强。

4. 分析互动数据指标

互动数据指标主要包括点赞数、评论数和互动率等，可以体现用户的活跃度和参与度。

- **点赞数**：直播间的实时点赞数量。点赞数越多，说明用户的参与度越高。
- **评论数**：用户的实时评论数量。评论数越多，说明用户越活跃，参与度越高。
- **互动率**：衡量直播间互动情况的重要数据指标，用户互动率 ＝ 弹幕人数 ÷ 观看人次。

图 8-19 所示为某品牌某场直播的部分互动数据。

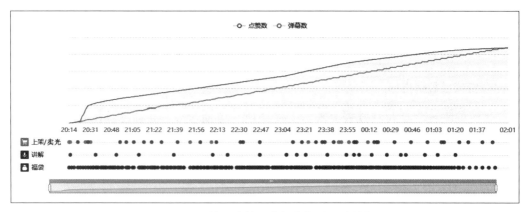

图 8-19 某品牌某场直播的部分互动数据

由图 8-19 可知，该品牌的点赞数和弹幕数总体呈上升趋势，这可能表明用户的参与性较高。

5. 分析转化数据指标

转化数据指标主要包括销售额、销量、客单价和 UV（Unique Visitor，独立访客）价值等，主要反映直播的销售效果。

- **客单价**：每位用户平均购买产品的金额。
- **UV 价值**：用户（即独立访客）的人均价值，即平均每个进入直播间的用户贡献价值。计算公式为：UV 价值＝本场销售额 ÷ 观看人次。UV 价值越高，说明用户在直播间的贡献价值越大，在一定程度上体现了目标用户的精准度越高。

图 8-20 所示为某品牌某场直播的部分转化数据。

图 8-20   某品牌某场直播的部分转化数据

由图 8-20 所示，该场直播的销售额较高，客单价也较高，说明用户的购买能力较强，该场直播取得了较好的销售效果。

8.6   课堂实训

实训 1   为粮油品牌的大米设计单品直播脚本

粮油品牌禾佳近期打算开拓销售渠道，计划在抖音开展一次直播活动，主推产品为五常大米。该款大米产自黑龙江省五常市。该市地理环境独特、土地肥沃、光照充足，所产大米色泽晶莹透亮，米粒细长饱满，呈椭圆形，口感细腻软糯；独特的稻花香味闻名遐迩，在蒸煮过程中香气四溢，是中国国家地理标志产品。大米采用密封防潮包装，确保新鲜不变质；有5千克和10千克两种规格可供选择，满足不同家庭和餐饮需求；全网累计销量10万+；5千克装日常价格为89元，直播价格为79元，10千克装日常价格为169元，直播价格为149元。

为充分激发用户的购买欲望，以及展示大米的优质，禾佳打算为其产品设计单品直播脚本。

1. 实训要求

（1）详细说明五常大米的基本信息。

（2）提炼五常大米的卖点。

2. 实训步骤

步骤01 ◐确定产品导入的内容。为了让用户了解这款大米，同时激发用户的好奇心，可将大米"是中国国家地理标志产品"这一点作为导入内容。

步骤02 ◐提炼产品卖点。由产品信息可知，这款大米优势在于外观、口感和香味，因此将这 3 点作为产品卖点。

步骤03 ◐提炼产品利益点。大米是用户的生活必需品，且食品安全通常是用户较为看重的。因此，将大米的包装和规格作为利益点，体现大米能够满足用户的食用需求。

步骤04 ◐确定引导转化的内容。价格是用户比较关心的，由产品信息可知，这款大米的直播价格相比平时的优惠，因此将大米的优惠价格作为引导转化的重点。

步骤05 ◐撰写单品直播脚本。根据以上写作思路写作大米的单品直播脚本，如表 8-4 所示。

表 8-4　单品直播脚本示例

要素	具体内容
产品导入	今天，我要给大家介绍一款特别的大米——来自黑龙江省五常市的五常大米！它可是中国国家地理标志产品，是无数家庭餐桌上的挚爱之选哦
产品卖点	给大家看看，这款大米的色泽晶莹透亮，米粒细长饱满。煮熟后，大米的口感细腻软糯，让人一吃难忘。而且，五常大米还有一个特别之处，就是它独特的稻花香味。在蒸煮过程中，香气四溢，整个厨房都会充满大米的香气
产品利益点	这款大米采用密封防潮包装，保证每一粒大米的新鲜与口感。它还有 5 千克和 10 千克两种规格供您选择，充分满足您的食用需求
引导转化	现在有个好消息要告诉大家，平时 5 千克装五常大米的售价为 89 元，10 千克装的为 169 元。今天在直播间，5 千克装的只要 79 元，10 千克装的只要 149 元！想要品尝正宗五常大米的朋友们，赶快下单吧

实训 2　推广粮油品牌的直播活动

　　正式直播后，该品牌的运营人员小张发现直播间的观看人数较少。为吸引更多用户观看，他决定使用付费推广工具推广该直播活动。

1. 实训要求

（1）使用 DOU+ 自定义加热直播间。

（2）投放金额为 500 元，主要目的是提升直播间人气，加热方式为直接加热直播间，加热时长为 2 小时。

2. 实训步骤

步骤01 ◐准备投放。在直播界面点击"更多"按钮，在打开面板的"直播工具"栏中点击"上热门"选项。

步骤 02 ○ 设置加热方式。打开"DOU+上热门"面板，默认"我想要"栏中的"直播间人气"选项，在"我想选择的加热方式"栏中取消选中"视频加热直播间"选项，点击"我想选择的套餐是"栏右侧的"切换至自定义推广"超链接，如图 8-21 所示。

步骤 03 ○ 设置曝光时长。点击"期望曝光时长"选项，在打开的面板中设置曝光时长为"2 小时"，点击 确认 按钮，如图 8-22 所示。保持默认选项"系统智能推荐"，在"投放金额"栏中点击"￥500"选项，点击 支付 按钮，完成投放，如图 8-23 所示。

图 8-21　切换至自定义推广

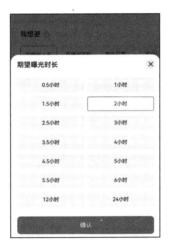

图 8-22　设置曝光时长

图 8-23　设置投放金额

8.7　课后练习

某高端家居品牌近期计划举办一场新品营销活动。考虑到直播的直观性，品牌打算通过直播来展示和销售产品。本次直播将总共介绍 15 款家居用品，家居用品分为 3 个系列，每个系列包含 5 款产品。第一个系列以"秋韵"为主题，主打简约而不失格调的家居风格，主色调为暖棕色，融入了传统的中国元素与现代设计理念，旨在为用户的居家生活增添温馨与宁静气息。第二个系列名为"舒逸"，注重产品的实用性与舒适性，主色调为米白色，采用高品质的材料和精细的工艺制作，力求为用户打造舒适宜人的家居环境。第三个系列则以"梦幻"为主题，主打创意与梦幻的设计风格，主色调为淡粉色，充满浪漫与温馨的气息，适合追求个性与浪漫的年轻用户。请为该家居品牌完成以下操作。

1．根据上述信息策划直播方案。

2．为该品牌设计整场直播脚本。

3．为该品牌策划直播预热方案。

第9章
其他新媒体运营与推广

随着企业运营需求的不断变化，新媒体的运营与推广呈现出蓬勃发展的态势，涵盖了更多元化的平台，如小红书、今日头条和知乎等。同时，H5 技术的广泛应用为企业带来了更为丰富的推广手段，让品牌能够以更加生动、直观的方式触达用户。

学习目标

- 认识 H5 和小红书的运营优势。
- 掌握小红书、今日头条和知乎的运营策略。

素养目标

- 提高审美能力，提升 H5 制作水平。
- 广泛积累知识，充实知识储备，提高综合运营能力。

9.1 H5 运营

H5 具有灵活性高、开发成本低、制作周期短等特点，是企业开展产品推广、传播品牌形象等的重要手段。

> **课堂讨论**
> （1）你如何看待 H5 这一内容表现形式？
> （2）收集 2～3 个近期的 H5 作品，分析其内容侧重点。

9.1.1 H5 的运营优势

H5 运营的核心是利用 H5 页面的优势，将 H5 页面发布到不同的平台，以达到提高品牌知名度或促进产品销售等目的。总体来看，H5 主要具有以下 5 个优势。

1．成本较低

与传统的电视广告、宣传海报等宣传形式相比，H5 的设计、维护等成本较低，投入资金较少，用户可以在网页上对其直接进行修改。从用户的角度来看，H5 不需要下载安装，直接点击即可观看，使用成本较低。

2．跨平台性

H5 具有出色的跨平台性，这使得 H5 页面通常可以运用在不同的终端和系统中，如 PC 端和移动端、iOS 系统和 Android 系统。这种跨平台性使得 H5 的制作成本相对低廉，可以有效节省成本。

3．便于收集用户数据

用户在浏览 H5 页面时，往往需要填写一些基本信息，这些信息可以为企业后续的运营工作提供便利。另外，H5 页面能够实时记录用户的浏览轨迹、点击行为及停留时间等，通过分析这些数据，企业可以深入了解用户的兴趣、消费习惯及潜在需求，从而制订更为精准的运营策略。

4．用户体验良好

H5 改良了网页内容被各种插件约束的情况，可以满足用户视觉上的审美需求，并且能够很好地兼容各类阅读器，大大提升了用户体验。另外，H5 的互动形式也较为丰富，各种触控滑动点击、摇一摇、重力感应等方式都会给用户带来新的体验。

5．易于分享和传播

H5 页面可以通过简单的链接或二维码形式，轻松分享至微信、微博等社交平台。这种便捷的分享方式可以大大降低了用户的分享门槛，提高其分享意愿，有利于实现广泛而有效的品牌传播。

9.1.2　H5 的制作工具

要想利用 H5 开展运营和推广，需要选择合适的 H5 制作工具，如人人秀、MAKA、易企秀、iH5 和 Mugeda 等。这些 H5 制作工具大多提供有丰富的模板，但在使用难度上存在差异。

1．人人秀

人人秀的操作简单，互动功能强大，有红包功能、抽奖功能和投票功能等自主推广功能。其缺点在于价格较高，免费版功能严重缺失，不能嵌入视频和添加特效。总体而言，人人秀的使用难度较低，适合没有专业背景的用户。

2．MAKA

MAKA 是一款 H5 在线制作工具，能够为用户提供品牌宣传、活动邀请、产品展示、数据可视化展示、活动报名等不同场景需求的服务。其操作简单，用户仅需拖曳即可添加或替换文字、图片等，且模板覆盖行业多，能够满足大部分使用场景需求，同时支持 PC 端和移动端进行 H5 编辑，能够一键分享到不同平台，总体的使用难度适中。

3．易企秀

易企秀是较早发展起来的 H5 制作工具，提供有多种动态模板，且用户可以自行上传模板。易企秀提供的模板分类标签详细，用户通过使用模板可以简单、轻松地制作出精美的 H5 页面。其缺点是功能相对单一，较为复杂的模式需要用户自己制作。易企秀操作简单，模板覆盖范围广，适合企业或新手用户使用。

4．iH5

iH5 定位为专业的 H5 在线制作工具，优势在于强大的编辑能力。iH5 支持图片、音频、视频和网页的上传，能够制作多种动画，支持多种方式的人机互动，而且其免费版也完全开放了编辑功能。其缺点在于上手难度较大，学习成本较高，主要面对企业级用户和专业设计师。

5．Mugeda

Mugeda 是一款专业级的 H5 交互动画制作工具。它支持多种交互效果和动画设计，如遮罩动画、变形动画等。其功能较为专业和复杂，比较适合具备专业设计背景和交互设计经验的用户。

9.1.3 使用人人秀制作 H5

微课视频

使用人人秀
制作 H5

对于新媒体运营人员来说，可以直接在 H5 制作工具（本节选用人人秀为 H5 制作工具）中选择合适的模板，然后更改模板中的图片或文字等。下面以为某甜品品牌制作 H5 宣传页面为例，介绍 H5 制作方法。其具体操作步骤如下。

步骤01 ▷选择模板。搜索并登录人人秀账号，进入人人秀首页，单击"H5"选项卡，在顶部的搜索栏中输入文字"美食"，单击【Enter】按钮进行搜索。在打开的页面中浏览并选择合适的模板，这里选中如图 9-1 所示的模板，然后将鼠标指针移至模板上，单击 立即创建 按钮。

图 9-1 选择模板

步骤 02 ▶ 删除模板文字。打开模板编辑页面,查看模板内容,并根据实际需要修改模板。将鼠标指针移至第 1 张模板的条形码上并单击,按【Delete】键删除,使用相同的方法删除文字"29""DEC"和长段英文文字。

步骤 03 ▶ 替换模板图片。单击背景图片,在页面右侧单击 替换图片 按钮,如图 9-2 所示。打开"图片库"对话框,单击 ⬆上传图片 按钮,打开"打开"对话框,选择"甜品宣传封面图 .jpg"(配套资源 :\素材\第 9 章\制作 H5\ 甜品宣传封面图 .png),单击 打开(O) 按钮,如图 9-3 所示。上传成功后,在"图片库"对话框中单击选择该图片,完成图片替换。依次单击第 2 张、第 3 张模板,使用相同的方法分别将模板的图片替换为"甜品宣传配图 1.jpg""甜品宣传配图 2.png"(配套资源 :\素材\第 9 章\制作 H5\ 甜品宣传配图 1.jpg、甜品宣传配图 2.png)。

图 9-2 单击"替换图片"按钮

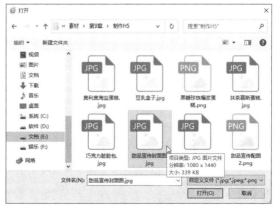

图 9-3 选择图片

步骤 04 ▶ 修改模板文字。单击第 2 张模板，双击文字文本框，按【Delete】键删除文字，输入该甜品品牌的品牌介绍内容。选中输入的文字，在页面右侧"文字"选项卡中，将文字字号改为"26"，如图 9-4 所示，然后单击"2023"所在的文本框，按【Delete】键删除文本框。单击第 3 张模板，使用相同的方法输入该甜品品牌的品牌理念内容，并根据文字效果修改文字字号，调整文字位置。

步骤 05 ▶ 调整图片大小。输入品牌理念内容后，页面空白较多，因此须调整图片大小。单击图片，将鼠标指针移至图片上方正中间的控制点上，此时鼠标指针显示为"⇕"形状，按住鼠标左键进行图片大小的调整，如图 9-5 所示。

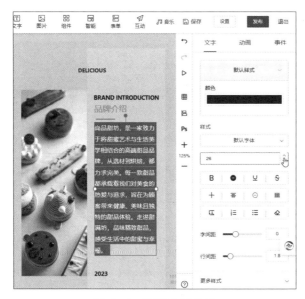

图 9-4　调整文字字号

图 9-5　调整图片大小

步骤 06 ▶ 编辑第 4 张模板。单击第 4 张模板，使用上述相同的方法删除两个英文文本框，将文字"甜蜜马卡龙"修改为"豆乳盒子"，将"豆乳盒子"下方的文本框中的文字修改为豆乳盒子的介绍"豆乳细腻、蛋糕松软，吃起来甜而不腻，细腻柔滑，每一口都是豆乳的香醇与蛋糕的绵软交织。"修改文字字号为"28"；单击背景图片，使用相同的方法将图片替换为"豆乳盒子 .jpg"（配套资源 :\ 素材 \ 第 9 章 \ 制作 H5\ 豆乳盒子 .jpg），单击文字文本框，将鼠标指针移至文本框下方正中间的控制点上，此时鼠标指针显示为"⇕"形状，按住鼠标左键，调整文本框的大小至合适，如图 9-6 所示。

步骤 07 ▶ 编辑第 5 张模板。单击第 5 张模板，单击图片，使用上述相同的方法将图片替换为"巧克力脏脏包 .jpg"（配套资源 :\ 素材 \ 第 9 章 \ 制作 H5\ 巧克力脏脏包 .jpg）。将文字"甜蜜马卡龙"修改为"巧克力脏脏包"，删除图片上方的长段文字描述和英文文字；单击文本框"巧克力脏脏包"，按【↑】键移动文本框至合适位置；依次选中脏脏包后的绿色背景和脏脏包的图片，按【↑】键移动图片至合适位置；将图片下方文本框中原有的文字修改为巧克力脏脏包的介绍，然后按上述相同方法，调整文本框的大小和文字字号，效果如图 9-7 所示。

步骤 08 ◆ 编辑第 6 张模板。单击第 6 张模板，删除"用餐环境"所在的文本框和英文文本框，将该页面的 3 张图片分别替换为"奥利奥海盐蛋糕 .jpg""黑糖珍珠爆浆蛋糕 .png""抹茶慕斯蛋糕 .jpg"（配套资源 :\ 素材 \ 第 9 章 \ 制作 H5\ 奥利奥海盐蛋糕 .jpg、黑糖珍珠爆浆蛋糕 .png、抹茶慕斯蛋糕 .jpg），将图片下方的文字修改为 3 种产品的介绍，并设置文字字号为"28"，效果如图 9-8 所示。

图 9-6　调整文本框大小　　图 9-7　第 5 张模板修改效果　　图 9-8　第 6 张模板修改效果

步骤 09 ◆ 编辑其他模板。单击第 7 张模板，在左侧列表中单击 🗑 按钮进行删除。单击删除后的第 7 张模板，单击条形码和英文文字所在的文本框，按【Delete】键删除，将文字"美食抢单"修改为"线上订购"。

步骤 10 ◆ 设置显示效果。编辑完成后，单击 设置 按钮，编辑器将自动保存设置，在打开的页面中可使用手机预览 H5 效果，页面右侧可进行 H5 的翻页、动画和显示设置。这里保持翻页和动画的默认设置，单击"显示设置"选项卡，勾选"显示阅读数"复选框，以了解用户的阅读情况，如图 9-9 所示。

步骤 11 ◆ 设置参与和分享。单击 保存 按钮保存设置，返回编辑页面，单击 发布 按钮，打开"发布"对话框，在"分享设置"选项卡中设置"分享标题"为"尚品甜坊：甜品盛宴，味觉享受！"，在"分享描述"文本框中输入"期待与您共赴这场甜品盛宴~"，保持"参与人设置"选项卡下的默认设置，单击 确定 按钮，如图 9-10 所示。

步骤 12 保存并分享 H5。打开"分享推广"页面，单击 [复制] 按钮可以复制 H5 链接，或根据需要下载 H5 的二维码到手机或计算机，并将二维码分享到微信或其他平台，推广 H5（配套资源:\效果\第 9 章\"H5 制作效果"文件夹）。

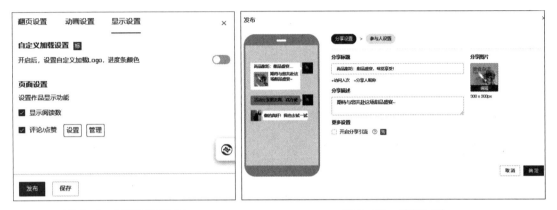

图 9-9　设置显示效果　　　　　　图 9-10　选择图片

课堂活动

　　某主营智能产品的品牌上新了一款智能手表。该手表外观时尚，不仅具备全方位健康监测、精准运动跟踪和智能生活助手等多种功能，还能长久续航与快速充电。现在要宣传这款智能手表，请使用人人秀制作一个 H5。

9.1.4　H5 的推广

　　制作好 H5 后，为扩大 H5 的传播范围和影响力，运营人员还可以利用微信公众号、微信朋友圈、社群等渠道推广。运营人员在推广时需要注意使用以下技巧，以提升推广效果。

- **写作 H5 宣传软文**：软文是相对于硬性广告而言的广告形式，多以文字形式呈现，包括特定的新闻报道、案例分析、深度文章、付费短文广告等。它是企业软性渗透的商业策略在广告形式上的实现，通常借助文字表达与舆论传播使用户认同某种观念、观点，从而达到企业宣传和销售的目的。

- **结合 IP**：H5 的推广结合 IP 可以带来更好的传播效果。IP 的种类很多，如各行各业的网络达人、古文化（历史名人、神话故事人物、古建筑等）等。运营人员在选择 IP 时，须注意评判 IP 吸引力的大小，以便收获较好的运营效果。

- **与专业的推广机构合作**：寻求专业推广机构的帮助，通过委托、购买服务/广告位等方式让推广机构将 H5 推广出去。

- **互推**：互推即互相推荐，在微信公众号、微博和其他新媒体平台中进行互推，也是比较好的 H5 推广方式。运营人员应选择同行业的微信公众号、微博号等作为互推对象，因为两者的目标用户相近，更有利于流量的精准转化。
- **利用微信自定义菜单**：运营人员利用微信的自定义菜单也可以推广 H5。一些长期性的 H5 页面如公司介绍、产品展示、活动等都可以放置在微信自定义菜单中。
- **线下推广**：除了通过线上渠道推广 H5，运营人员还可以在线下开展宣传推广，如将 H5 页面的二维码印刷在线下海报、广告牌、产品包装上。另外，运营人员还可以结合线下活动，利用扫描二维码送礼品的方式推广 H5。

专家指导

在文章中添加链接也可以帮助推广 H5，如在微信公众号的自动回复中设置链接，或在推文中添加链接，用户在阅读时通过点击链接即可跳转到 H5 页面，如"阅读原文"就是一个比较常用的跳转链接。

案例分析　　　美的《有 AI 则美，有龙则灵》H5 作品

随着 AI 的火热，美的不仅在 2024 年开年之际为用户献上了 AIGC 贺岁大片《新年贺新春·但是八段锦》，还推出了《有 AI 则美，有龙则灵》H5 作品。

美的在该 H5 中融入了众多由 AIGC 生产的视觉元素，提升了 H5 整体的丰富性和生动性，让用户在交互过程中得到更好的体验。同时，根据选择的不同，用户还可以收获对应的"守护龙"，并一键分享给朋友，或继续进入专属活动作品展示页，欣赏"AIGC 创作大赛"中的优秀作品。

另外，美的还将品牌产品巧妙地融入 H5 页面，同时页面中设置了转化渠道，用户点击"前往美的年货节"按钮，就有机会领取多样化的品牌福利，如"新年福券""幸运抽奖""参与话题赢好礼"等。这番举措不仅给用户带来了新颖的互动体验，还促进了品牌影响力的提升。

案例点评：美的此次推出的《有 AI 则美，有龙则灵》H5 作品，成功地将 AIGC 技术融入内容创作，为用户带来了新颖且生动的互动体验。通过巧妙地将品牌产品融入 H5 页面，并结合有效的转化渠道，美的不仅提升了品牌曝光度和认知度，还促进了产品销售。

9.2 小红书运营

小红书是一个生活方式分享平台，内容主要通过图文笔记或视频笔记的形式呈现。小红书中的内容多为购物心得、生活方式、美妆护肤、时尚穿搭分享"种草"等，用户的年轻化特征明显。

9.2.1 小红书的运营优势

小红书能够成为企业运营与推广的重要渠道，具有多方面的显著优势。

1. 用户年轻化

小红书的用户群体主要为"90 后""95 后"。这类用户群体具有年轻化、时尚化、追求个性化等特点，容易对新鲜事物产生好奇，且乐于接受新鲜事物，同时具有较高的消费能力和购买欲望。

2. 社交属性强

小红书不仅是一个分享平台，更是一个汇聚众多用户的社交空间。在平台内，用户可以通过发布内容、互动评论等方式进行社交。品牌可以利用这种社交属性与用户进行互动，提高用户的参与度和黏性。

3. 内容引领消费

小红书以内容为核心，用户可以通过搜索、关注和浏览内容发现感兴趣的产品。平台上的内容涵盖时尚、美妆、生活等多个领域，可以满足用户在不同方面的购物需求。同时，其他用户的评价和推荐会在很大程度上影响用户的购物决策。

素养课堂

在开展运营时，运营人员要始终坚持以用户为中心，善于洞察用户需求，以创作出用户喜闻乐见的内容，达到运营目的。

9.2.2 写作小红书笔记

小红书的内容被称为笔记，主要有图文笔记和视频笔记两种。一般来说，笔记的原创性越高、质量越好，越容易受到平台的推荐。

笔记主要由标题和正文两部分组成。一个好的标题和正文可以快速吸引用户的注意，有效提高笔记的点击率和阅读量。下面分别介绍标题写作技巧和正文写作技巧。

（1）标题写作技巧

为了让标题更具吸引力，运营人员可以使用以下写作技巧。

- **体现价值**：在标题中体现笔记对用户的价值，并告知用户可以从这篇笔记中获得的好处。
- **包含关键词**：在标题中添加"打卡""文艺""教程"等高频关键词，提高笔记被用户搜索到的几率。
- **体现对比**：在标题中体现对比，如"平价 VS 高价"，给用户带来强烈的反差感，以促进用户的点击行为。

（2）正文写作技巧

好的正文可以有效增加笔记的点击量和阅读量，运营人员在写作时，可以运用以下技巧来增加正文的吸引力。

- **图文并茂**：图片可以提高笔记的视觉效果，选择质量高、设计感强，符合内容主题的图片，可以迅速抓住用户眼球。
- **内容结构清晰**：笔记的内容结构应该清晰明了，方便用户阅读和理解。一般来说，可以按照"产品介绍＋使用体验＋购买建议"的顺序来组织内容。
- **控制字数**：笔记篇幅不宜过长，保证内容精炼，避免消磨用户的阅读兴趣。
- **美化排版**：要注意排版的美观和整洁，可以使用分段、加粗、插入表情符号等方式来提升笔记的可读性和美观度。

下面为某甜品品牌的豆乳盒子写作一篇小红书笔记，具体操作步骤如下。

步骤 01 构思笔记写作方向。考虑到用户购买豆乳盒子的成本较大，同时需要为用户提供实用性内容，该品牌可以写作一篇豆乳盒子制作教程的笔记。

步骤 02 拟定标题。根据写作方向，确定标题定位为豆乳盒子制作教程。为提高标题的吸引力，可适当添加形容词，如"豆香浓郁，一口惊艳的豆乳盒子教程！"等，通过"教程"一词直接体现笔记的价值。

步骤 03 构思笔记正文写作结构。教程一般是按照豆乳盒子制作的先后顺序进行说明，即明确说明第一步、第二步的具体工作。在此之前，需要先说明制作所需的食材。总体来看，该篇笔记首先要说明制作豆乳盒子所需的食材，然后说明制作豆乳盒子的步骤。

步骤 04 美化笔记。为提升笔记的美观度，还需要配图，并在适当位置换行和插入表情符号。

步骤 05 根据以上思路写作小红书笔记，最后点击界面下方的 发布笔记 按钮发布笔记，发布后的效果如图 9-11 所示。

图 9-11　笔记发布效果

9.3　今日头条运营

今日头条是一个通用信息平台，致力于让优质丰富的信息得到高效分发，囊括图文、视频、问答、直播和微头条等多种内容形式，涵盖科技、体育、健康、美食、教育等多个领域，具备独特的运营优势。

9.3.1　今日头条的运营策略

高质量的内容是获得高关注度的前提，为进一步提升内容的影响力，运营人员可以运用一些运营策略。

- **定期更新**：定期更新内容，可以保持用户的持续关注，这需要根据用户的需求和兴趣来制订合理的更新计划，保持内容的高质量。例如，从用户的阅读需求出发，每周发布一篇有关品牌或产品的文章。

- **参与平台活动和话题**：不定期推出丰富的创作活动并更新热点话题，如"成长指南"里的创作活动和创作灵感（是在各大创作领域搜集并排序好的热点话题，且话题会实时更新）。运营人员可以在创作灵感页面选择热点话题，并发布与热点话题相关的内容，扩大内容的曝光度，为开展运营积累用户基础。

- **投放广告**：提供多种广告投放方式，运营人员可以根据实际需求在巨量引擎平台上选择合适的广告形式和投放策略。例如，选择投放开屏广告、信息流广告或搜索广告等，同时通过设置关键词、性别、地域等实现精准投放。

9.3.2　写作头条文章

头条文章是今日头条常见的内容形式，内容通常具有一定的深度和价值，能够吸引用户，满足用户的阅读需求。

1. 文章写作技巧

头条文章的标题和正文会影响最终的运营效果，因此写作出优质的标题和正文至关重要。

- **标题抓人眼球**：标题是头条文章给人的第一印象，因此要尽可能吸引用户的注意力，可以使用热点词汇、疑问句式、数字等，提高标题的吸引力。同时，标题应简洁明了，准确反映头条文章的主题。
- **开头引人入胜**：开头部分应迅速抓住用户的兴趣点，可以通过讲述一个有趣的故事、提出一个引人深思的问题或说明一个新颖的观点等方式，吸引用户继续阅读正文。
- **结构清晰合理**：头条文章结构应清晰明了，可以分为开头、正文和结尾等部分。正文部分可以按照"问题—解答""论点—论据—论证"等结构编排，还可以使用小标题划分内容，使用户能够轻松理解内容。
- **添加关键词**：在头条文章中合理使用关键词，有助于提升头条文章在搜索引擎中的排名。

2. 写作头条文章

今日头条的写作页面提供有文章、视频、微头条、问答和音频等创作体裁。其中，文章适合深度报道、观点分析等内容的写作；微头条适用于短小的资讯、观点或日常分享等内容的写作。根据创作需求的不同，运营人员可以选择不同的创作体裁。下面以为某美食品牌写作一篇头条文章，以促进其旗下产品的销售为例，介绍头条文章的写作。其具体操作步骤如下。

步骤 01 ▷选择内容体裁。该美食品牌文章的写作目的是促进产品销售，内容不宜过多，否则用户不易把握重点信息，因此这里选择微头条体裁进行简要介绍。

步骤 02 ▷选择平台活动。登录并进入今日头条首页，将鼠标指针移至账号头像上，在打开的下拉列表中选择"创作平台"，打开"头条号"页面，在左侧的工具栏中选择"成长指南"栏下的"创作灵感"，如图 9-12 所示。在打开的页面中选择"垂直领域"栏下的"美食"，在打开的页面中浏览活动，最后选择"记录我的 2024"，如图 9-13 所示。查看该活动，发现其可以发布美食相关的文章，即"2024 美食日记"，选择其对应的 立即发文 按钮，打开文章发布页面。

步骤 03 ▷写作标题。该文章的写作目的是促进美食品牌产品的销售，因此可在标题中加入品牌名称。同时，为快速吸引用户的注意，可在标题中直接说明该篇文章的核心信息，如"尝鲜××春季料理，让味蕾与春天一起苏醒"。

图 9-12　选择"创作灵感"选项

图 9-13　选择平台活动

步骤 04 ▶ 写作正文。为切合活动主题并体现产品特色，正文部分可重点介绍多款产品的亮点。

步骤 05 ▶ 写作结尾。为激发用户的消费欲望，可在结尾呼吁用户一同品味××春季美食。然后根据以上写作思路写作头条文章（配套资源:\效果\第9章\今日头条文章.docx）。

步骤 06 ▶ 插入图片。单击"图片"超链接，打开"上传图片"对话框，分别上传图片"翠玉青团.png""春笋炒肉.png""招牌春卷.png"（配套资源:\素材\第9章\头条文章\翠玉青团.png、春笋炒肉.png、招牌春卷.png）。设置完成后，单击 发布 按钮发布文章，发布效果如图9-14所示。

图 9-14　头条文章发布效果

9.4　知乎运营

知乎是一个互联网高质量的问答社区和创作者聚集的原创内容平台。其以问答业务为业务基础，现已发展为综合性的内容平台。平台内容模板包括问答、文章、专栏、视频、直播、想法及圈子等，包含丰富的知识、经验及见解，为企业开展运营提供更多可能。

9.4.1　知乎的运营策略

知乎对运营内容有较高的要求，运营人员要创作出既受用户喜爱又具备传播力的内容，除了要提升内容质量，还要综合运用多种运营策略。

- **回答热榜问题**：知乎热榜是知乎 24 小时内热度最高的问题合集，用户选择合适的热榜问题进行回答，可以在短时间内获得较高的关注度和曝光量。
- **合作推广**：运营人员与其他知乎用户、专家或意见领袖建立合作关系，共同推广优质内容，也可以有效扩大内容的影响力，提升账号的知名度。例如，母婴品牌寻找育儿领域的知名答主或专家共创内容，邀请他们分享专业的育儿知识、产品评测结果或亲子互动经验，通过他们的影响力提升品牌的曝光度和公信力。
- **问答置顶**：针对关注度比较高的话题撰写高质量的回答，然后通过置顶回答，增加被更多用户看见和阅读的机会。

9.4.2　写作知乎问答

本节将从内容设计和在知乎上发布内容两个方面来介绍运营人员如何写作高质量的知乎问答。

1. 内容设计

知乎中的内容主要由问题和回答组成，运营人员在写作时，可以将内容分为问题和回答两个部分。问题和回答分别有不同的侧重点，因此须分别设计。

（1）问题设计

问题应反映用户需求，运营人员在设计问题时，应当围绕目标用户近期关注的问题进行。运营人员设计问题时，可以按照以下思路。

- **查找问题**：知乎首页提供有"热榜"栏目。该栏目汇聚了热度较高的问题，运营人员可以在栏目中查找合适的问题，还可以通过关键词搜索、话题查找等方式，了解用户关心的问题。
- **选择问题**：一般来说，热度较高的问题、与本专业领域相关的问题、最新且两周内浏览量达上万次的问题更值得被选择，也更容易得到知乎的流量扶持。

- **设计问题**：选择问题后，运营人员可以从问题中提取关键词，并通过关键词＋长尾词（指非目标关键词但与目标关键词相关的，可以带来搜索流量的组合型关键词）的形式组织问题。其中，长尾词的长度较长，一般由 2 ～ 3 个词语组成，且具有明确的目标指向。例如，"如果出现了常温超导的材料，世界会发生什么变化？"这一问题中，"常温超导""材料"就是关键词，"世界会发生什么变化"就是长尾词。

（2）回答设计

回答的最终目的是解决用户问题，这要求回答应当具有可靠性、利他性。运营人员在设计回答时，应考虑从非常规的角度切入，可以从以下两个角度进行回答。

- **从自身出发**：之前我处于××样的状态，很想××，但是找不到方法；突然在某个时刻发生了××，我找到了××方法；经过××的努力，最终得到××的结果；之后，我总结出××的方法，在这里分享给大家；曾经我跟你一样××，既然我可以做到，那么相信你也可以做到。

- **从问题出发**：当前人们对××存在不正确的认知，造成××问题，造成这个问题的原因是××；正确的做法是××。

2. 在知乎上发布内容

下面介绍在知乎上为某防晒品牌提出一个防晒相关的问题，并选择一个合适的问题进行回答。其具体操作步骤如下。

（1）提出问题

按照问题的设计思路，为防晒霜设计问题。

步骤01 ▷搜索问题。通过搜索关键词的方式搜索关于防晒产品的问题。登录知乎，在首页顶部的文本框中输入文字"防晒霜"，在打开的搜索结果页面中筛选"只看回答"，查看问题的关注度。

步骤02 ▷选择问题。选择评论量、收藏量和赞同量较多的问题。

步骤03 ▷设计问题。从选择的问题中提取关键词，如"高性价比""便宜""好用"等，然后设计问题，如"如何从市面上众多防晒产品中，挑选出性价比最高的防晒产品？"该问题关注到了大众在购买防晒产品时的实际需求，不仅能够吸引那些寻求实用购物建议的用户，还能够鼓励有经验的用户分享购物心得，提高问题的关注度。

步骤04 ▷发布问题。在知乎首页上方单击 ⬚ 按钮，如图 9-15 所示，在打开的对话框中输入问题，单击 ＋绑定话题 按钮，在打开的文本框中输入"防晒"一词，在打开的下拉列表中选择"防晒产品选择"，如图 9-16 所示，选择完毕后，单击 发布问题 按钮发布问题。

图 9-15　单击"提问"按钮

图 9-16　绑定话题

（2）做出回答

按照回答的设计思路，选择一个与防晒霜相关的问题进行回答。

步骤 01 ◆ 搜索热门问题。在知乎上搜索"防晒霜"，设置筛选条件为"只看回答""最多赞同""三月内"，在打开的搜索结果页面中查看用户近期较为关心的问题，了解该问题的关注者和被浏览量。图 9-17 所示为相关热门问题展示。

图 9-17　热门问题展示

步骤 02 ◆ 选择问题。图 9-17 所示的问题针对的重点是儿童防晒产品，下方问题则针对所有类型的防晒产品，两个问题相比而言，下方的问题适用范围更广，同时下方问题的关注者和被浏览量更高，对该问题的回答的曝光率可能会更高，因此选择下方的问题进行回答。

步骤 03 ◆ 设计回答。回答时可以从问题本身出发，按照列出产品→介绍价格→质地描述→适用人群的顺序设计回答。

步骤 04 ◆ 写作回答。单击问题下方的 写回答 按钮，在打开的页面中输入回答（配套资源:\素材\第 9 章\知乎问答\防晒霜知乎回答 .docx）。

步骤 05 ◆ 插入图片。将文本插入点定位到第 2 段有关小白管防晒介绍文字的下方，单击"图片"按钮，打开"上传图片"对话框，单击"上传图片"按钮，在打开的"打开"对话框中选择"小白管防晒 .png"（配套资源:\素材\第 9 章\知乎问答\小白管防

晒 .png）。单击 打开(O) 按钮返回"上传图片"对话框，单击 插入图片 按钮插入图片，如图 9-18 所示。使用相同的方法插入其他图片，设置完成后，单击 发布回答 按钮发布回答。

图 9-18　单击"插入图片"按钮

9.5　课堂实训

实训1　为运动品牌的促销活动设计 H5 推广页面

随着天气转暖，人们的户外活动逐渐增多，以销售各类运动装备为主的运动品牌乐跑想趁此机会开展一场促销活动。促销活动的主题为"乐跑初春惠"，活动时间为 2024 年 3 月 20 日～3 月 25 日，活动期间部分产品买一送一、所有产品满 300 元减 30 元、会员享受 7.5 折优惠。现在乐跑打算利用 H5 宣传和推广活动。

1. 实训要求

（1）使用 MAKA 制作 H5。

（2）H5 应体现活动信息。

2. 实训步骤

微课视频

为运动品牌的促销活动设计 H5 推广页面

步骤01 ▷选择模板。登录 MAKA，单击首页的"模板中心"选项卡，进入"模板中心"页面，在页面的搜索框中输入"活动 H5"，在打开的页面中选择如图 9-19 所示的模板。

图 9-19　选择模板

步骤02 ▷修改文字。打开模板预览页面，单击页面右侧的 免费制作 按钮，进入模板编辑页面。双击"春季特卖惠"文本框选中文字，将内容修改为"乐跑初春惠"；双击"全场低至 3.5 折"文本框选中文字，按【Delete】键删除；将鼠标指针移至"50%"文本框上并单击，按【Delete】键删除；双击活动时间所在文本框，将其修改为"2024 年 3 月 20 日～3 月 25 日"。

步骤 03 删除多余模板。单击"下一页"按钮 ∨，打开第 2 张模板，单击"删除"按钮 🗑 删除模板。

步骤 04 修改文字。返回第 1 张模板，单击"下一页"按钮 ∨，开始编辑第 3 张模板。使用相同的方法删除文字"¥10""¥20""¥50"，删除所有"立即领取"文字，将文字"领券满 99 减 10"修改为"部分产品买一送一"，移动"部分产品买一送一"文本框至中间位置。使用相同的方法将第 2 个文本框中的内容修改为"满 300 元减 30 元"；将第 3 个文本框中的内容修改为"会员专享 7.5 折"。修改完成后，将文本框移至中间位置，效果如图 9-20 所示。

步骤 05 设置元素动画。单击"部分产品买一送一"文本框，单击页面右侧的"动画"选项卡，单击"元素动画"选项卡，在打开页面的"强调动画"栏下单击 + 添加动画 按钮，在打开的面板中选择"放大"，如图 9-21 所示。使用相同的方法分别为"满 300 元减 30 元"和"会员专享 7.5 折"文本框设置相同的动画效果。

图 9-20 文字修改效果

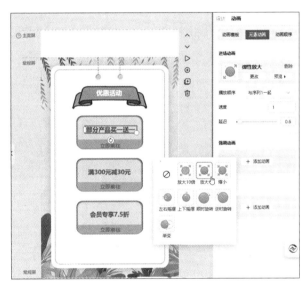

图 9-21 单击"添加动画"按钮

步骤 06 替换图片。单击"下一页"按钮 ∨，打开第 3 张模板，使用相同的方法将文字"商品活动"修改为"热销产品"，单击其下方第 1 个文本框中的图片，单击页面右侧的 替换图片 按钮，如图 9-22 所示，打开"替换图片"对话框，单击"上传素材"按钮 +，打开"打开"对话框，选择"运动发带 .png"（配套资源:\素材\第 9 章\实训 1\运动发带 .png），单击 打开(O) 按钮，如图 9-23 所示。返回"替换图片"对话框，页面中将显示上传成功的图片，选择"运动发带 .png"，替换第 1 张图片。使用相同的方法将另外两张图片分别替换为"运动护膝 .png""运动手套 .png"（配套资源:\素材\第 9 章\实训 1\运动护膝 .png、运动手套 .png）。

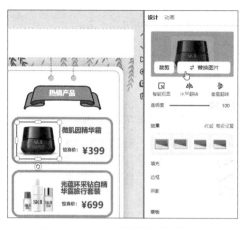

图 9-22　单击"替换图片"按钮

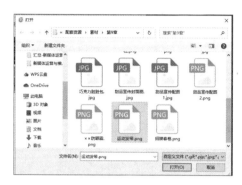

图 9-23　选择图片

步骤 07 修改文字。替换完成后，修改对应的文字描述，效果如图 9-24 所示。

步骤 08 修改文字。单击"下一页"按钮 ，打开第 4 张模板，使用相同的方法删除所有的"限量购买"文字，将"更多商品"修改为"买一送一"，使用相同的方法将该模板中的图片分别替换为"运动袜子 .png""运动毛巾 .png""运动帽 .png""运动水壶 .png"（配套资源 :\ 素材 \ 第 9 章 \ 实训 1\ 运动袜子 .png、运动毛巾 .png、运动帽 .png、运动水壶 .png），并修改对应的文字描述。最终效果如图 9-25 所示。

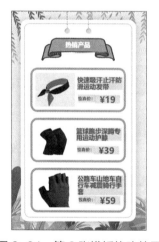

图 9-24　第 3 张模板修改效果

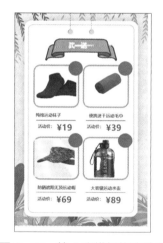

图 9-25　第 4 张模板修改效果

步骤 09 修改文字。单击"下一页"按钮 ，保持第 5 张模板的默认设置，再次单击"下一页"按钮 ，单击"删除"按钮 删除模板。

步骤 10 发布分享 H5。单击编辑页面右上角的 按钮，预览 H5 的效果，在页面右侧的"分享信息"栏中分别输入 H5 的标题和内容，如图 9-26 所示。单击 按钮，将生成 H5 临时链接，复制链接将 H5 分享出去（配套资源 :\ 效果 \ 第 9 章 \ 实训 1\ 运动品牌 H5 制作效果）。

效果预览

运动品牌 H5
制作效果

图 9-26　H5 分享信息设置

实训 2　为运动品牌撰写并发布小红书笔记

乐跑打算上新运动装备，现距离产品开售还有 5 天，为充分引发用户关注，提高产品的销量，乐跑决定在小红书上发布一条预热笔记。

1. 实训要求

（1）笔记内容具有价值性。

（2）选择并添加合适的话题标签。

2. 实训步骤

步骤 01 ◆写作笔记标题。为让用户快速接收笔记的核心信息，以及体现内容的价值性，运营人员可以在标题中直接说明，如"新品预告：超值运动装备升级来袭！"

步骤 02 ◆构思笔记正文。为引发用户的关注，运营人员可简要介绍新品的优势，包括设计、材质和功能等方面的升级，让用户对新品有一个初步的了解。同时，为增强用户的代入感，运营人员可以描绘新品运动装备的使用场景，进一步激发用户的购买欲望。另外，运营人员还可以设置悬念，如简要提及新品有更多的神秘之处和小惊喜，进一步引发用户的关注。最后，运营人员可强调新品上市倒计时开始，吸引用户的持续关注。

步骤 03 ◆写作并美化笔记。根据以上写作思路，运营人员写作笔记（配套资源 :\效果\第9 章 \ 实训 2\ 小红书笔记 .docx）。为提升笔记的美观度，可配一张产品预热图，并在适当位置换行和插入表情符号。

步骤04 ◉ 添加话题。为提高笔记的曝光度，运营人员可在笔记中添加话题标签。将文本插入点定位到正文末尾并换行，点击"＃话题"选项，在打开的搜索结果中点击"＃运动"选项，如图9-27所示。再次点击"＃话题"选项，输入"乐跑运动装备上新"，如图9-28所示，点击 完成 按钮，点击 发布笔记 按钮发布笔记，如图9-29所示（配套资源:\效果\第9章\实训2\预热笔记发布效果.png）。

图 9-27　选择话题

图 9-28　输入话题

图 9-29　发布笔记

9.6　课后练习

舒韵家纺是一家专注于高端家纺产品设计、生产和销售的品牌。其始终坚持"以人为本，品质至上"的经营理念，致力于为用户提供舒适、健康、时尚的家纺产品。

舒韵家纺的产品丰富多样，涵盖床上四件套、枕芯、被芯、床垫等多种家居用品。其主打产品采用优质原材料如新疆长绒棉、进口乳胶、羽绒填充物等制作，确保了产品的柔软舒适度和耐用性。近期，舒韵家纺上新了"云端梦境"系列床品。床品制作材质选用新疆长绒棉，触感细腻柔软、亲肤透气；床品采用环保印染工艺，安全无刺激。多年来，舒韵家纺始终践行绿色发展理念，采用环保印染工艺，降低产品对环境的影响，努力实现家纺产品在美观、舒适与环保之间的平衡。

1. 为该品牌制作一个品牌宣传H5。

2. 为该品牌的"云端梦境"系列床品写作一篇小红书笔记。

3. 针对该品牌写作一篇今日头条文章。

4. 在知乎上选择与家纺产品相关的问题进行回答，宣传品牌。